ここ一番のメンタル力

小心者《しょうしんもの》思考

松本幸夫
Yukio Matsumoto

最後に勝つ人が
持っているものは何か

その強さの秘密

青春出版社

【小心者】

——気の小さい、臆病な人。

はじめに

——小心者である自分を変えたいあなたへ

あなたは、小心者と聞いて、何を思い浮かべるでしょうか？

「気が小さく、臆病」

「いつも（心の中で）ビクビクしている」

「人の目が気になる」

「決めたことや、やったことに対して、後悔や不安を抱える」

「自分のやることに自信が持てない」

もしも、これらのどれかに自分が当てはまっていると思うのなら、あなたは小心者かもしれません。

見てもらえればわかるように、とてもネガティブな要素ばかりです。仕事の成果を上げる上で、こういった小心者の気質というのはあまりいいことではないように感じます。仕事はもちろん、日常的な交友関係や家庭や恋愛においてもマイナスに感じることが多いかもしれません。

しかし、その一方で、一見すると小心者でも、圧倒的に飛び抜けた成果を出す人がいます。もしくは圧倒的に飛び抜けた実績を上げる偉人にも小心者的要素のある人が少なくないのです。

◎優れた経営者や偉人の多くは、「実は小心者」

私は30年以上、研修講師、スピーチドクターをしています。のべ20万人にものぼるビジネスパーソンや経営者を指導してきました。多くの優れた経営者、偉業を成し遂げてきた人物の研究をライフワークにしています。

そもそも私自身が小心者です。幼い頃からあがり症に悩み、様々なセラピーやセミナー、武道、ヨガ、自己暗示、心理学などを学んで、自分を変えようとしてきました。

そこで気づいたことが2つあります。

ひとつは、**小心者には「成果を出せる小心者」と「残念な小心者」の2種類の人が**

いる、ということ。

もうひとつは、**小心者であること自体は悪いことではなく、むしろ圧倒的な成果を出すための武器になる、**ということです。

圧倒的な成果や偉業を成している小心者は日本のみならず、海外にも多くいます。詳しくは第1章以降で述べていきますが、スティーブ・ジョブズや孫正義氏、宮本武蔵など時代を超えて評価されてきた人の中には小心者の傾向がある人が多いのです。また優れた辣腕《らつわん》をふるう経営者の中にも「実は小心者」という人が少なくありません。

松尾静磨《まつおしずま》をご存じでしょうか。

日本航空の元社長や会長、航空庁初代長官を歴任した人物で、まだＪＡＬなどと呼ばれるよりも以前の時代の話です。ちなみに、山崎豊子の小説『沈まぬ太陽』の中に出てくる国民航空の社長・桧山衛《ひやままもる》は、この松尾静磨がモデルだとされています。

彼は小心者思考の代表ともいえる人物で、臆病であることこそが大事と言い続けました。

第2次世界大戦後、日本はＧＨＱから航空禁止令が出され、戦闘機などはもちろん、官民のあらゆるものの飛行が禁止されてしまいました。日本の空を飛んでいいのは外国の飛行機だけという時代があったのですね。

当時、初代の航空保安庁長官という立場であった松尾は、GHQと幾度となく交渉を重ねることで、日本人の会社が航空事業を行う承認を得たのです。その功績から彼は「戦後の日本航空業界の父」と呼ばれています。

松尾が残した言葉で有名なのが、

「臆病者と言われる勇気を持て。安全航行こそ、最大の使命であり、責任である」

というものです。松尾は臆病者であることを恥じるな、と言い続けたと言います。私なりにこの言葉を言い得るならば、臆病者であるからこそなせる慎重さ、誠実さ、責任感こそが、仕事をする上で何よりも大切なこと、と言えるでしょう。

先に述べたように、本当に小心者であることが悪いこと、ダメなことなのであれば、良い結果は得られないでしょう。

実際、小心者であることは様々な優れた特性を兼ね備えています。にもかかわらず、多くの人が「自分は小心者だからダメなんだ」「もっとたくましいメンタルを手に入れたい」「気を使いすぎて疲れてしまう」などと、小心者であること自体をダメなこと、ネガティブなことだと考えてしまっているのです。これがいわゆる「残念な小心者」になります。

◎小心者思考の秘密

では、どうすれば「残念な小心者」が、「成果を出せる小心者」に生まれ変わることができるのでしょうか。

その鍵になるのが**「小心者思考」を使うこと**です。

小心者思考とは、圧倒的な成果を出し、偉業を成し遂げてきた小心者が行っている思考法のことを指しています。

この思考法は少し意識するだけで、身につけることができます。

なぜなら、小心者の人はそもそもその特性を持ち合わせているからです。

本来、気質の話ですから、良い面と悪い面の両面があります。

それが社会的通念として「小心者であることは悪いことだ」「ネガティブはいけない」「自信がない人はダメだ」「臆病者＝ダメな人」などと思い込んでいるだけなのです。

小心者は一見弱いと思われていますが、実はここ一番に強いのが小心者です。小心者は、どれだけ打たれたり、不安になったりしても、何度でも粘り強く立ち上がれます。

結局、最後に勝ち残る人が、人生の勝者となるのです。

本書は、自分のことを気が弱い、臆病だ、自信がないと思い込んでいる小心者のために書きました。

あなたが自分のことを、いつも他人の目が気になり行動できない、意思決定も遅く、それに対する自信も持てない小心者として悩んでいるのであれば、きっと本書でご紹介することは今の時代を生き残る武器になると思います。

この本があなたの人生に一筋の光を射すものになれば、著者としてこれほど嬉しいことはありません。

松本幸夫

目次

第2章

小心者思考の秘密

第3章 小心者を武器に変える方法

目次

第4章 小心者のための「心を整える」法

編集協力　鹿野哲平
本文デザイン　二神さやか
DTP　野中 賢（システムタンク）

第1章

なぜ、
小心者のほうが
成功するのか？

小心者思考ができる人は、何がすごいのか？

――小心者で圧倒的な成果を出す人は、小心さを強みに変えている

小心者というのは文字通り、心の小さき者のことです。

気が小さく、臆病で、いつもなんらかの不安を抱えています。またすぐに心配をしたり、異常なほど周りの目を気にしたりする。これは、周りからどうこう言われることだけが原因ではありません。

小心者は、周りの目以上に**「自分の目を気にする人」**だからです。

たとえば、自分の外見を必要以上に気にする人がいます。これは男女に関係なく、

「このネイルの色、人からどう思われるかな？」

「このジャケットの形、カッコ悪いって言われないかな？」

などと気になって鏡ばかり見ているような人です。

一見、「周りの目」を気にしているようでいて、「自分の目」が気になっているので

す。他人からどう見られるか以上に、自分で心配や不安を膨らませて、自分で自分を縛りつけてしまいます。つまり「妄想」です。自分のことを自分で気にしすぎてしまう状態であり、自分の不安や心配事に過敏になりすぎている状態なのです。

「大丈夫だろうか？　心配だな……」

「本当にこれでうまくいくのだろうか？」

と考え続けるようになります。

いわゆる心配性と呼ばれるものに似ているかもしれません。不安で胃がキリキリすることもありますし、ストレスも溜まります。他人の目や自分の目が気になり、なかなか決断できなかったり、行動を躊躇《ちゅうちょ》したりすることも多いでしょう。

ここだけ見ると、小心者は「うまくいかない人」の典型に思えるかもしれません。だからこそ、多くの人は小心者の自分を認めたくないのです。そんな自分から抜け出したい、改善したいと考える人も多いはずです。

しかし、自分を認めずに、改善するだけでよいのでしょうか？

先にも述べた通り、**優れた成果や偉業を成す人に実は小心者の人が多い**のです。実際、成功している人の多くは豪腕、大胆、自信にあふれている人ばかりではありません。むしろ、繊細で、不安や心配症である自分とうまくつき合っているようです。

小心者であることには多くのメリットもあります。

- **人に迷惑をかけないように先回りして動く**
- **自信がないからこそ、やれることをしっかりやる**
- **不安だからこそ、あらゆることを用意周到に行う**
- **仕事でもプライベートでも不安や心配事を取り除こうとする**
- **聞き上手**
- **特定の相手と親密な関係を築きやすい**
- **気配り、気遣いができる**
- **ほかの人が気にしないところまで徹底してこだわる**

もう一度言いましょう。

小心者であることは武器になります。もちろん、普通の小心者と成果を出す小心者は違います。

うまく使えば「とてつもない成果を発揮する武器」になります。が、そうでないと仕事でも人間関係でも「ただの弱点」になります。小心者であることは、成功と失敗を分ける表裏一体のものなのです。


小心者であることを武器にするには、成果を出す小心者がやっている思考と行動を身につける必要があります。

それを本書では「小心者思考」と呼んでいます。

小心者が成果を出すための生き方、考え方をあなたに身につけていただきたいのです。まずは、小心者思考の強みから、解説していきましょう。

小心者は危機察知能力が高い

――リスクを事前に見抜けるからうまくいく

ある小心者は、猜疑心《さいぎしん》を持ったり、疑心暗鬼《ぎしんあんき》になったりする傾向があります。

「誰か自分を陥れようとしているのではないか」

「自分のことをほめてくれているが、本音ではないのではないか」

など、思考を巡らせます。

これは、一歩踏み出すことを阻害するようにも見えるでしょう。

あるいは何かをやろうとしても「怒られるのではないか」「失敗するのではないか」「余計なお世話ではないか」といった不安が頭をもたげ、行動をやめてしまうことがよくあります。

実際には起こっていないことに対して、不安を感じる。これは自分を守るためのアンテナが「何か」を受信したということ。そこから小心者は警戒を始めます。

自分の記憶、経験をフル動員し、過去のトラブルになったパターンから、最悪の事態までを勝手に想像してしまうのです。

しかし、それは失敗を未然に防ぐ「危機察知能力」という強みになります。

仕事でも、日常的な意思決定の上でも、危険やリスクを察知する能力は高いほうがいいでしょう。

単なる小心者でないようにするには、「事実と不安」を切り分けてみることです。

不安は、将来発生する可能性のあるリスクであり、確実に訪れる未来ではありません。ましてや、自分のなかで膨らませた不安であれば、ほとんどがネガティブに受け取ったことによる妄想であり、事実ではないのです。

不安に右往左往する必要はないのです。

ただ事実だけを見て、「○○になるかもしれない。だから、対策をしよう」というように考えることで解決できるのです。

小心者はリスクヘッジを徹底する

――成果を出す小心者は、リスクに対して対策を立てる

頭のいい人にも小心者が多い傾向があります。

エジソンやアインシュタインもそういったエピソードに事欠きません。

気の小さい人は周りからするとビクビク、オドオドしているように見えることもありますが、実は、自我の発達が著しいのが理由です。あらゆることを想定することで、自分自身と対話します。結果、人との会話が減るようなのです。

先ほど紹介した通り、成果を出す小心者は、危機察知能力が高いのです。

だからこそ、その次の手を打つことができます。

「次の会議の資料を明後日までに仕上げておいて」と上司に言われたら、明日やると遅くなるかもしれないから、今日のうちにやっておこう、と考えます。こういうと、単純に、できるビジネスマンのように感じるかもしれませんが、これを突き動かして

いるのは、「心配」という不安な気持ちです。

「間に合わなかったらシャレにならない……」

「本気で上司から怒られるかもしれない。なんなら仕事をもう振ってくれなくなるかもしれない……」

という不安に襲われてくるのです。

一見、ネガティブな思考と行動のパターンに思えるかもしれません。が、結果としてそれがいいのです。

◎ネガティブ思考は役に立つ

楽天家やポジティブ思考だけでは、リスク回避のための行動を周到に準備しない傾向があります。

ポジティブ思考やポジティブ心理学といったものがもてはやされてからは、「ネガティブであることは悪いこと」というような認識が広がりました。ネガティブ過ぎることは問題かもしれませんが、**ネガティブに想定できること自体は、仕事においても**

役に立つのです。

リスクを徹底的に見ること、心配すること自体はなんの問題もありません。近い未来の不安に対処しようと考えることは、立派なスキルです。そして、小心者が持つ才能です。それ自体に問題はありません。

問題は自分の心や感情に振り回されることです。

「不安だ、心配だ」

で思考と行動を止めてしまうのではなく、

「不安だ、心配だ。だからこうしよう」

と考えることで、ネガティブ思考は役に立つのです。

ですから、感情の不安から生まれるストレスに対処してコントロールをするのです。

そうすれば無敵の優秀な人に一気にジャンプアップできます。

小心者は、気が小さいからこそ大胆に行動できる

――臆病だからこそ、徹底的に考え抜ける

成果を出せる小心者ほど、いざというときに大胆な行動ができます。

なぜなら、徹底的に考え抜いた結論なので、「もうどうなってもいいや」というあっけらかんとした一面もあるからです。

その一例が、剣豪として現代にも名を馳せる宮本武蔵です。

宮本武蔵も、一説によると臆病で、小心者だったといわれています。自分の無力や臆病さを知ることで、「どうすれば勝てるのか」「勝つとはどういうことなのか」などを考え抜いたのではないでしょうか。

成果を出す小心者は、気が小さいからこそ、大胆に勝負に出たり、行動したりすることができるのです。

気が小さいからこそ自分のする決断に自信が持てない人もいる。その一方で、気が

小さいはずなのに、やけに自分の決断に自信を持っている人もいます。

そういった人は、徹底的にあらゆるシミュレーションを行い、徹底的に考え抜くことで、確信めいたものをつかんでいるのです。

徹底的に考え抜くことができると、小心者か小心者でないかという気質の問題は関係がありません。自分の考えに確信を持つことができると、

「色々迷ったけど、もうこれしかない！」

「他人の意見で決められなかったけど、もうこれでいいや」

という開き直りにも似た決断ができるのです。


もちろん、決めたあとにも不安は残ります。

しかし、未来は「いまだこない」、という文字通り、いまは存在しないこと。だから不安はあるものなのです。

そして、自信と同時に不安を持つのです。

小心者だから人の痛みをわかってあげられる

――成果を出す小心者は人に好かれる

またある小心者は、過度な気遣いをする傾向があります。

これもまた、小心者がストレスをためてしまう理由です。

「出張のお土産、こんなに買ったら迷惑かな。お返しを考えさせてしまうかも……」

「フォローしすぎて、面倒くさいと思われていないだろうか……」

相手を慮《おもんぱか》った自分の行動が相手に迷惑をかけていないだろうか、その行動によって周りの人がどう思うだろうか、などと考えすぎてしまうことがあります。

小心さとは無縁の方からすると、「どうしていちいちそんな面倒くさい考え方をするのか」と不思議に思うかもしれません。また、「典型的な八方美人タイプ」と感じる方もいるでしょう。

しかし、小心者の私たちは、わざわざ考えているのではなく、自然に心配になってくるのです。

これは逆に言えば、

「人の痛みがわかってあげられる優しい人」

となります。自分の苦労よりも先に、他人の迷惑を考えてしまう。そんな優しさを持っています。もちろん、嫌われたくない、怒られたくない、という思いもあるでしょう。どちらにせよ、自分より相手がどう思うかを良くも悪くも想像してしまうのです。

それは、「思考のクセ」と言ってもよいのです。

ポジティブに言い換えれば、共感や気配りができるということです。

これも大きな成果を出す鍵になります。

ただし、注意も必要です。

小心者の考え方は、いわば「他人中心主義」ともいえます。

急な仕事やお願いに対してノーと言えないため、「自分が頑張ればいいや」「しょうがない」などと、自分が苦労する状況を自ら作り出してしまう傾向にあるのです。

相手のことを考えてしまうばかりに、自分のことをないがしろにしてしまうのです。

「自分に対して『最良の援助者』になれ」

と言ったのは、イギリスの医師であるサミュエル・スマイルズです。

他人中心に物事を考え、行動するのはいいことですが、成果を出せる小心者ほど、相手のことだけでなく、自分も同時に大切にすることも忘れないようにしましょう。

「うまくいかなかったらどうしよう」この考えが結果として発想を豊かにする

――成果を出す小心者は思考パターンがほかとは違う

私は自称「日本一のあがり症」でした。

とにかく小学校でも先生の質問の答えがわかっても、ハイと手を挙げて指名されて答えるのが恥ずかしく、いつも自制していました。それは成人になるまで続きました。

その理由は、私が小心者だったこと。

何をするにしても、失敗する可能性や、失敗したらどうなってしまうかばかり考えてしまっていたのです。この考え方は私が成人し、ビジネスをしていく中でも色濃く残っていました。

たとえば、社内プレゼンがあっても、

「もしも、社長の前でしどろもどろになったらどうしよう……」

「もしも、プレゼンの最中に頭が真っ白になったらどうしよう……」

「もしも、答えられない質問が出たら……」

とプレゼンテーションをする前から考えて悩んでしまっていたのです。

しかし、この「もしも」とあらゆる可能性を考えるのは、悪いことばかりではないことに気がつきました。これが**「ＡＳＫ ＩＦの思考法」**と呼ばれていて、発想法の基本にあることをのちに知ったのです。


「うまくいかない可能性を考えすぎる」というのが、小心者の思考のクセといえます。

この思考のクセを微修正できれば、そこには素晴らしい結果が待っています。

思考のクセはたんなる習慣にすぎません。

「Ａを考えたら、自然にＢと考える」

「Ａという出来事があると、自然にＢと考える」

などの思考のパターンができているのです。

たとえば、

「チャレンジしてみたい（Ａ）。でも自分には無理だろう（Ｂ）」

「遅刻してしまった（Ａ）。自分はいつも遅刻するやつだ（Ｂ）」

こういったものです。

そこでBを置き換えると、自然と新しい思考のパターンができます。それを繰り返せば、新たな良い習慣に変わっていき、それが思考のクセになります。置き換えまでいかずとも、良い習慣を新たに身につけることはできるでしょう。

これは、仕事のみならず、プライベートでも役に立ちます。

たとえば、彼女とデートの約束をしたとしましょう。

小心者は、どんどん悪い発想がいくつも出てきます。

「誘った自分のことを陰で笑っているのではないか……」

「本当は自分の友人ともつき合っているのではないか……」

「前回会ったときの別れ際の表情が暗かったな……」

まるでコントのようですが、本当にそういった考えがわいてきます。しかし当人はいたって真面目なのです。何も悩まない人は、約束の日まで、根拠のないことでアレコレと悩まないでしょう。

しかし、小心者は過剰に考えてしまうのです。

彼女が5分でも遅れようものなら、「何かあったんじゃないか」と事故や、自分以外の男性の存在、家族の反対……など、次々に妄想が膨らむわけです。

小心者なら、こうなってしまうのはしょうがないと思います。

◎想像力をいいことだけに使う

では、成果を出す小心者になるためには、どうすればいいのでしょうか。

答えはシンプルで、

「悪いほうにだけ想像力を使わない」

ことです。先の例でいえば、「（彼女が遅れている）あーよかった、読みかけの小説を読む時間ができた」と考えの方向を変えてしまうのです。

つまり、**ちょっとだけいいほうへ発想してみる**のです。

電車が止まったら、「よし、企画を考える時間ができた」とか、「思い切って寝てしまおう。睡眠不足が補える」というようにパッと考えを切り替える。その上で、良い想像を次々に広げればいいのです。

故事で、天が落ちてこないかと心配した「杞憂」のもとになった杞の男性は、間違いなく小心者の「達人」です。

まだ天の落ちる兆候すらないのに、どうしようと心配しているのですから。

でもこれも言い換えると、発想や想像力が豊かである証拠です。

私たちも「よくそんなことを考えるな」というくらいに発想が豊かなのだから、それを良い方向に使っていきましょう。

それこそ、小心者が人生を力強く生きるための道なのです。

スティーブ・ジョブズはなぜ、プレゼンに3日かけたのか？

――「伝説のプレゼン」も、才能ではなく、徹底した準備から生まれた

私は以前、スティーブ・ジョブズのプレゼンの技術を研究したことがあります。ジョブズのプレゼンテーション（以下プレゼン）の一番の特徴は、一般のプレゼンとは逆のスライドの見せ方をすることでした。

どういうことか説明します。多くの場合、スライドを先に映してそのあとに、「こちらのグラフをご覧ください」ですとか「ポイントを箇条書きにしてみました。まず一行目を説明します」というように、スライドを先に見せてからプレゼンを進めます。

この進め方の弊害は、スライドの説明会のようになりがちで、聞き手と対話したり、反応を観察したりすることができないことです。

ジョブズはそうしませんでした。先にスピーチをして中身を話して、対話型にして必要なときにサッとスライドを見せる、という進め方をするのです。

これなら、聴衆と対話しているかのような臨場感のあるプレゼンになります。スライドを映してからその説明をするのとは明らかに違うのです。

ただし、それができるためには、話の中身を完璧に覚えておく必要があります。リハーサルなしには話をすることができなくて、シドロモドロになってしまいます。本来、頼りになるはずの話すためのスライドが映されていないのですから。

それも、余裕を示して歩き動き回りながら話す。

実際にジョブズの話の仕方をマネて歩きながら話をしていた経営者がいましたが、滑稽でした。もちろん、経営手腕がどうこうではなく、練習不足、準備不足なのです。

ジョブズは、大人数のプレゼンには最低3日間かけてリハーサルをすると言われていました。

ネガティブな質問が出たら、どのように質問に答えるのか。そんな想定質問をいくつも作り、実際に部下に質問役になってもらい何十回と納得いくまでリハーサルを繰り返し、話のどの部分でジェスチャーを大きくするのか、声のピークはどこにもっていくのか、など準備をしていました。

それだけではありません。実際に、会場のステージに立ち、歩きながら話してみたときの照明の当たり具合、何歩でスクリーンのどの位置まで来るのか、そして会場の聴衆側に座ってみて自分自身がどう見えるかまで、事前に自ら確認していました。そこまで徹底したなら、リハーサルに3日かかるのも納得がいきます。

成果の出る小心者は、「スタートは失敗したらどうしよう」から「失敗を防ぐには何をしたらいいのいか」と考えを切り換え行動できる人です。

保身からのスタートですが、徹底した行動で成功する小心者になっていくのです。

ジョブズの徹底した準備・リハーサルも、小心者ならではの準備やリハーサルが行われているなと感じます。少なくとも、小心者が良い方向に考え方を切り換えて行動するにはどうしたらいいのか、というモデルになってくれるでしょう。

成果を出す小心者は謙虚である

——小心者思考とは、気が弱いが自信があること

世の中には嫌われる人と好かれる人がいます。

嫌われる人の代表は、自己中心的で傲慢な人です。

いつも威張っている人や、自慢話ばかりする人、自分のことばかり話す人は、一般的にあまり好かれない傾向にあります。

一方で、好かれる人は、偉くなっても腰が低く、謙虚な人ですよね。本物の成功者は、誰とコミュニケーションをとるときも、変わらず腰の低い謙虚な人が多いです。

これは成果を出す小心者の特徴でもあります。

あなたが気の弱い小心者ならば、謙虚であることを目指しましょう。

ただし、何も考えずやっていると、ダメな謙虚さを露呈《ろてい》してしまいます。

なぜなら、小心者は、威張らないのではなくて、威張れないのが本当のところだか

らです。偉そうにふるまったときの相手の反応や、どう思われるのかを必要以上に気にしてしまい、謙虚に見えるだけなのです。

つまり、ビクビク、オドオドして自分を下げているだけになってしまいます。しかも、それを長く続けていると本当に自分のことを認められず、自信を失い、何も自分で決定できない人になってしまいがちです。

他人に振り回され続け、自分の手で成果をつかむなんて、夢のまた夢でしょう。

◎偉い人、偉くない人という価値基準は捨てる

そうではなく、誰と会っても腰を低くする、ということを意識してみましょう。

そもそも、偉い人なんて存在しないのです。

神様や仏様ならまだしも、誰だってただの人に変わりはありません。

社長だろうと、上司だろうと、それこそ芸能人や政治家であっても、偉いも偉くないもありません。社会通念上いわゆる「偉い人」という言い方がされるだけで、本質的には人間はみな平等なのです。

だから、偉い、偉くないなんていう基準はそもそもありません。

そんなものは今日から捨ててください。

誰に対しても、卑屈になったり、偉ぶったりする必要はないので、誰にでも同じように接すればいいのです。

大事なのは上はもちろん、自分より下という基準も作らないこと。

自分より年下の人や部下、後輩、自分より成功していない人などに対しても同じで、誰と会ってもあなた自身が偉ぶることはしてはいけません（小心者のあなたならもともとしないと思いますが）。


小心者であることによって、あなたは人から好かれる条件を満たしています。

「誰にでも腰が低く、偉ぶらない」という態度が好かれることになるのです。威張らないで誰にでも謙虚に接するのは、同性にも異性にもモテる条件なのです。

成果を出す小心者は人から応援される
――ただの小心者ではなく、応援される小心者こそ最強

あるビジネス雑誌で、「応援される人」という特集があり、お笑い芸人の出川哲朗さんが取り上げられていて、私も取材を受けました。

ただ、取材時には出川さん本人のインタビューはできないという話だったのですが、最後に本人取材ができることになり、私の掲載スペースはかなり小さくなりました。

実は、応援される人の特性は、小心者と重なっています。

出川さんのみならず、周囲から応援されて認められていく人とはどんな特徴を持っているのでしょうか。そして、どこが小心者の特性なのでしょう。

①一生懸命に取り組む

人は、一生懸命に取り組んでいる人に好感を抱きます。

小心者は、もとは叱られたくないとか、手を抜いていると思われたくないという保身が先に立つのですが、結果としては何事にも一生懸命に取り組みます。

先の雑誌では出川さんのお兄さんのインタビューもありました。それによれば、

「弟は、笑いをとろうとかギャグを考え抜いてではなく、一生懸命にしているので『天然』で言動するのが、なぜか面白いのではないか」

というようなコメントをしていました。

素が面白いのはお笑い向きなのかもしれません。

私も応援しているスポーツ選手や、歌手など何人もいますが、共通しているのはとにかく一生懸命に自分の分野に取り組んでいることです。

そうすると、本人が一生懸命に行動しているだけで、周囲が取り立てて応援してくれるという形になっていきます。

たまたま、テレビで出川さんの番組をやっていました。

佐賀県の唐津市にある宝くじで有名な宝当《ほうとう》神社に行き、宝くじを購入するというシーンがありました。この神社で祈願すると宝くじがよく当たる、と全国から人が集

まるパワースポットなのだそうです。

彼はそのときに生まれて初めて宝くじを買ったというのです。理由は「人の力を借りたくないから」。お金も自分で稼ぐという真面目さです。

これはあとで触れますが、小心者の特徴は真面目にやるところです。

本人は他人の世話にはなりたくないといった意識があるのですが、その思いとは裏腹に「助けてやろう」「応援してやろう」となるのは面白いところです。

普通に考えても、いい加減に仕事をしている人間と、一生懸命に努力している人間がいたとして、どちらを応援したくなるかは明らかでしょう。

物事に一生懸命に取り組む姿勢が「この人を応援しよう」と思わせるのです。

②純粋

純粋ということは、一昔前の「冬のソナタ」のように、中年の女性をはじめとする幅広い層の心をとらえた韓国ドラマの世界です。生きづらい世の中だからこそ、純粋さを持ち続けている人に憧れるのかもしれません。

こんなに純粋な人がいるのかと思われますし、好かれます。応援したくなる人とは、結局相手から好かれることが条件でしょう。

純粋ということは、他人の言ったことを信じるのです。嘘だなど、なかなか言うことはできません。

「騙す側ではなく、騙される側」

これは小心者の陥りやすいことですが、良さでもあります。

③ノーと言わない

仕事を頼んでも、決してノーと言わない。受け過ぎて、あとで苦労して後悔するのは自分なのですが、それでもハッキリは断れないのです。

大きな理由は、嫌われたくないからです。

しっかり断っても、しかるべきそれなりの理由なら相手も嫌うことはありません。しかしその辺の危険を少しでも避けたいのです。その危険があるなら、断らずに受けてしまったほうが、小心者にとっては楽な選択なのです。

あいつは何を頼んでもノーと言わないというのは、軽く見られる可能性もありますが、偉いなとか努力しているなという評価もあり、応援されやすいのです。

ここで私が言いたいのは、**見ている人は必ずいる**ということです。

先に挙げた例のタレントの出川さんは、以前は正当に評価されていたとはいいがたい、むしろなぜか嫌いなタレントとして有名な方でした。

それで腐ったり、「嫌われているんだからもうどうなってもいいや」などとは考えたりせず、一生懸命に仕事に取り組み、ノーとは言わずに仕事を続けたからこそ、今の活躍があるのです。

今の時代は、

「ノーと言えることが大事だ」

「自分の意思をハッキリ言えることが素晴らしい」

というような風潮がありますが、必ずしもそうではないでしょう。

ノーと言えるから素晴らしい、という考え方がある一方で、「ノーと言わないで頑張ってくれるから素晴らしい」もあるのです。

あなたの頑張りは必ず誰かが見ています。小心者であることを認めて、応援される人を目指してみましょう。あなたは応援される資質を持っているのですから。

第2章

小心者思考の秘密

成果の出る小心者と、成果の出ない小心者は何が違うのか？

——小心者には2種類の人がいる

小心者は一見マイナス的資質だと思われています。

自分が小心者であると思っている人の多くは、そんな自分を変えたい、改善したいと思っているかもしれません。実際に仕事やプライベートで小心者であることが、自分の弱みになっている人もいるでしょう。

しかしその一方で、先に触れた通り、小心さが大きな強みになっている人もいます。強みどころか、それにより大きな成功や大きな成果を残せている人もいるのです。

やはり、

小心者には「成果を出す小心者」と「成果の出ない小心者」がいる

ということなのです。

では、その違いは何でしょうか？

一言で言ってしまえば、

「小心者であることを肯定的にとらえられているどうか」


だといえます。

多くの人が小心者であることを否定的にとらえています。気の弱いこと、臆病であることは弱点であり、改善すべき問題だと考えているのです。たとえば、

「私は気が小さいから、いつも行動できない……」

「会議で発言したいけど、間違ったことを言ってしまうといけないから……」

「私の連絡ミスで失敗したらどうしよう……」

そんな不安がいつも頭をもたげているとしたら、きっと色々な物事がうまくいかな

いでしょう。

人間は失敗にフォーカスをすると、その失敗を呼び込んでしまうものです。いつも「自分はダメな人間だ」と考えていると、自然とダメな状態が作られてしまいます。

それと同じで、小心者であること、気が小さいとか臆病であることをマイナスだととらえていると、マイナスな要素ばかりが浮かび上がってきます。

「アンビバレント」という心理学用語があります。

これは人間の二面性のことを指す言葉で、人間は世界をひとつの視点で見つめていますが、実は2つの相反する心理を同時に持っています。

好き、だけど嫌い

細部にはこだわる、なのに大雑把な人

一見冷たい人、けれど実は愛情深い

気が小さい、なのに大胆な人

どれも、相反する心理です。

簡単にいえば、人は「○○な人」と一面的にとらえられるほど単純ではなく、2つの相反する面をいくつも持っているということです。

つまり、あなたに相反する側面があっても、どちらもあなた自身であるということです。

結局、人間はどちらから見るかで変わってしまいます。

小心者であることをネガティブに見るか、ポジティブに見るか。それに対して、どう見るのが正解で、どう見るのが不正解ということはありません。

だからこそ、小心者であることを肯定的にとらえることは、もちろんいいことなのです。

小心者はダメなことなのか？

——なぜ、小心者はネガティブに陥るのか？

小心者を良いことだととらえられる人は、優れた能力を発揮し、成果を手に入れます。にもかかわらず、小心者をダメなことだととらえる人が多すぎるのも困ったものです。

なぜ、ネガティブにとらえてしまうのか？

「小心者＝臆病＝ネガティブなこと」と考えてしまうのか？

その理由は２つ考えられます。

ひとつは、「強さを求める心理」があること。

もうひとつは、「相補性の心理」です。

人は「弱いよりも、強いほうがいい」という心理を潜在的に持っています。

『暴力と人間─強さを求める人間の心理』（ヨルダン社）という本もありましたが、考えてみれば当然で、人間は生物、動物としての生態系に含まれています。

そのため、弱肉強食の世界に生きていることを、遺伝子レベルでわかっているといえるでしょう。

『利己的な遺伝子』（紀伊國屋書店）でリチャード・ドーキンスが昔に提唱した、私たちは遺伝子の乗り物であり、いわば「生存するのに強い遺伝子が生き残る」ということです。

だからこそ、「弱いことすなわち負けること＝生き残れない」という公式が出来上がっているといえます。男性的な考えのように聞こえるかもしれませんが、男性も女性も関係なく、強いほうがいいという観念があるはずです。

仕事ができる、頭がいい、スキルを持っているというのも現代的な強さそのものです。職場でも学校でも、日々見えない競争をしているわけですから、相手に負けない強さを求める心理があるのは当然でしょう。

だからこそ、気が弱い＝ネガティブなことである、ととらえてしまうのです。

もうひとつが、「相補性の心理」が働くからです。

これは言ってしまえば、**自分の持っていないものに惹かれる心理**です。

「隣の芝生は青く見える」

ということわざの通りで、人は自分にないものを持っている人を好きになったり、憧れたりする心理があるとされています。

たとえば、いつも優しいと言われている人は「男らしさ」に憧れを持ちやすくなりますし、好きなタイプでもないのに自分にない才能を持っているというだけで、相手に恋愛感情を持ったりもします。

つまり、自分のことを「気が弱い」「臆病だ」と思っている人は、気の強い人や思ったことをズバズバ言える人、メンタルが強く、物事に動じない人に惹かれ、自分の気質をダメなもの、足りないものだと感じてしまいやすいのです。

ここからわかるのは、**結局、とらえ方の問題である**ということです。

強さを求めることも、自分にないものを求めることも、当然のことです。しかし、逆にとらえれば、気が弱いことも、臆病であることも、それは事実ではなく、解釈であるということです。

小心者であることを認めて受け入れると、世界は反転して見えてきます。

つまり、小心者を強みとしてとらえることができるのです。そして実際に、豪胆に見えるけれど、実は小心者という人が成功者のなかには少なくないのです。

その一例が、織田信長です。

織田信長といえば、寺院の焼き討ちや「泣かぬなら、殺してしまえ、ホトトギス」という句で知られるように、冷酷で豪胆な武将というイメージが一般的でしょう。

しかし、織田信長が残した名言に、

「臆病者の目には、敵は常に大軍に見える」

というものがあります。この言葉は信長にとってのターニングポイントとも言われる「桶狭間の戦い」で発した一言だとされています。

信長は、冷酷で豪胆な一面を持ちながら、猜疑心も強く持っていたようです。逆に言えば、冷酷で豪胆な気質と臆病なくらいの疑い深さ、つまり小心者思考をしていたと考えられるでしょう。

信長が疑い深く、単なる臆病なだけであれば、あれほど名を馳せることはなかったでしょう。

そうではなく、臆病だったことで、常に周りを過大評価していたからこそ、どうすれば勝てるのかを徹底的に考えた戦略家であったのです。

最高の結果を生み出す「小心者思考」の秘密
――成果を出す小心者が持っている４つの力

「小心者であることは悪いことではなく、強みに変えられる」

というのが私の主張です。

では、成果を出せない「残念な小心者」から「成果を出す小心者」になるためにはどうすればいいのでしょうか。


それが小心者思考を使いこなすことです。

先にも少し述べましたが、私のいう小心者思考は、気弱で、臆病で、小心者であるにもかかわらず、ビジネスや社会貢献、自己実現において圧倒的な成果や偉業を成した人が行っている思考法のことです。

小心者であることのメリット、そしてそれは解釈であることはこれまでに述べてきました。

つまり、小心者というのは気質でありながら、考え方であり、ツールなのです。ツールであるなら使い方は変えられます。

あなたが小心者思考をするようになると、仕事をはじめとして「人生」で、成果を出せるようになります。

小心者であることを強みに変える「4つの力」を渡したいと思います。

ぜひ、それぞれを強化していき、あなたが成果を出してくれることを、小心者思考をしている人間として望んでいます。

それには意識することが第一段階です。

あなたには、成果を出す力がもともと備わっているのです。

小心者思考その①「先を見通すリスクマネジメント力」

――想定内を増やすだけで、リスクマネジメントの半分は終わっている

小心者を強みに変える４つの力のひとつ目は、「先を見通すリスクマネジメント力」です。

先日、国民栄誉賞を受賞した羽生善治永世七冠は、千手先まで読むことができるといわれます。

将棋にかかわらず、仕事や人生においても先を見通す力があると、選択肢が増え、価値ある人生を歩めることでしょう。

小心者には、先を見通す力があります。

成果を出す小心者は、先を見通し、様々な選択肢を考え抜いた上で、意思決定ができるのです。

仕事の９割は、あらかじめ準備しておけば、大半は想定内の出来事として処理でき

ます。いわゆるリスクマネジメントの考え方です。

たとえば、会議の反論をあらかじめ想定して、再反論の答え方までリハーサルするのもそのひとつ。

実は、**小心者は想定内を作るのが得意**です。

小心者は普通の人以上に、未来や不安に対して想像や妄想を働かせています。もちろん小心者でない人もそうでしょうが、気が小さい人は過剰ともいえるほど働かせます。

それは想定内を作っていることにほかなりません。

あらゆることを想定内に収められると、問題への対処のスピードと質がいい方向に転がりやすくなります。

何も考えていなければ、想定外のことに出くわしたとき、対応に遅れが出ますし、結果的に致命的なミスにもつながることだってあります。想定内を増やし、リスクを事前に知っておくことで、ビジネスのほとんどの問題は起こらないのです。

この、あらかじめあらゆるケースを想定することは、すでにリスクマネジメントの基本を半分実行しているのと同じです。

ただ、残念な小心者はその想定したリスクをネガティブに絞り込んで、おびえるだけで終わってしまいます。それが問題なのです。

◎リスクを書き出すと、不安から事実を切り離せる

これまで見てきたように、小心者はいくらでもリスクを想定できます。なので、まずは想定できることを書き出してみることです。

頭の中でこんな危険はある、あんなこともある、などと考えても、悶々としてしまうだけでしょう。

小心者思考を行うためには、「あらゆるケースの想定力」を、リスクマネジメントに昇格させましょう。具体的には、

①「見える化」をする

②具体的な対処法を考える

というシンプルな流れで作ることができます。

③実践する

まずは「見える化」から行いましょう。

不安に思っていること、心配なことを視覚化するのです。

いちばん簡単なのは、書き出してみることです。ノートや手帳や用紙を使って、想定しうるケースをどんどん書き出してみましょう。

書き出しているうちに、自分が不安に思っていたこと、現実的にその想定が起こる確率が低いことなどが、整理されていくはずです。

とにかく書き出したら、次にその対処方法を考えるのです。

それを、「○○すべき」という形で書いたのでは解決策・対処法にはなりません。

たとえば、仕事のプロジェクトがスケジュールや社会状況の変化によって頓挫するリスクがあったとしましょう。このときに「頓挫しないようにすべき」というのは、なんら具体的な対処法になりません。

・仮に頓挫しそうになったら、〇〇さんに相談して、スケジュール調整をする
・プランＡがダメになったときのために、プランＢも準備しておく

など、検討し、準備すべきことを整理しておくのです。

ただし、それだけではありません。そのプランがダメになった場合の3手先、4手先も想像しておきます。

その上で、それを一つひとつ実践していくのですが、そのとき同時に行うべきことがあります。

それが、「決めたら、思い切って進めること」です。

もちろん、小心者の人ならリスクを検証したあとも、不安にさいなまれることもあるでしょう。しかし、考え抜いて検討し決めたことならば、立ち止まらずに進めてみるのです。これができるかできないかが、成果を出す小心者か残念な小心者かを分けてしまうのです。

小心者思考その②「人に好かれる力」

――人に嫌われにくいという強み

世の中、悩みの80％は人間関係であると、いわれています。

それどころか、アドラー心理学の父であるアルフレッド・アドラーは「人間の悩みはすべて対人関係の悩みである」とまで述べています。

確かに、職場でも、家庭でも、上司や同僚との関係から恋愛、家族関係にいたるまで人間関係に悩まされない日は、ないといっていいかもしれません。

その中で、この力が身についたら、グーンと人間関係がラクになるものがあります。

それは「人に好かれる力」です。

どんな人が好かれるか、どういった行動や考え方が大事かは様々な説があるでしょう。方法論はどうあれ、人に好かれるほうが、人間関係の悩みは少なくなります。

小心者であることは、人に嫌われにくいと考えられます。謙虚で腰が低く、ムダに争うことを好みませんし、相手に迷惑をかけたり、不快にさせたりしないように配慮しながら行動する傾向があるからです。もちろん小心者の行動は、その多くが好かれようとして行っているわけではありませんが。

◎「断れない」から「断らない」へ

好かれる要素のひとつに「どんなことも引き受けてくれる、ノーと言わない人」というのがあります。

これは小心者の人の良くも悪くも得意技です。

相手のためになりたい、どうしてもこの人に協力したい、という行動の動機はとてもポジティブなものです。

しかし、小心者の思考は違います。むしろその逆で、「嫌われたくない」というネガティブな動機になっていることがあります。

「この仕事を断ったら嫌われないか」

「もう仕事がこないんじゃないか」

「あとで嫌がらせされないだろうか」

「何か悪く言われるのではないか」


と不安になり、引き受けてしまうことが多いのです。

つまり、自主的に「ノー」と言わないのではなく、怖くて「ノー」と言えないのが正直なところでしょう。

ネガティブな小心者は、ベースにあるものが恐怖や否定的な考えであるため、そのままではいいことはありません。

それがどれだけ結果的に相手に好かれ、喜んでもらえるものだとしても、です。なぜなら、

「やりたくないことをやらされた……」

「残業が増えてしまう……」

「今回も断りたいのに断れなかった……」

といった後悔や自己嫌悪感を抱いてしまうからです。

残念な小心者ほど断れなかったという自己否定につなげてしまいます。

では、成果を出す小心者になるためには何が必要なのでしょうか。

◎小心者思考で人に好かれる方法

小心者思考を使いこなし、成果を出す小心者になる方法をお伝えしましょう。

それが、

「ネガティブに受け入れ、ポジティブにスタートする」

ことです。

ノーと言えずに、要求や依頼を受けてしまうのはかまいません。もちろん、やりたくないと思えば、ノーと言えるようにするのがいいでしょう。

しかし、ノーと言えなかったとしたら、引き受けたあとに、ポジティブな気持ちで行動するのです。

「結果よければすべてよし」ではありませんが、人の感情は最後がいちばん重要です。

入り口がポジティブでもネガティブでも、出口がポジティブなら、ストレスや自己否定の感情は残りにくいのです。

最後にデザートを食べるのは、食事をいい印象で終えるためとされますが、それと同じですね。

相手にしてみれば、頼んでもノーと言わない人はありがたい存在でしょう。自分にとって協力してくれる人なので、結果として好かれてしまうのです。

小心者思考その③「気を配る力」

――「他人への気配り」と「自分への気配り」ができる

周囲の反応が気になり、あらゆる想定を自然にできるのが小心者の特徴です。

周囲の人の反応や、考えられる事態を数多く想定できるのは、言葉を変えると「気配り」ができるということになります。

小心者は、人間関係のゴールデンルールの「相手の立場に立って考える」を自然にやっています。もっと言えば、相手の立場に立つ達人なのです。

「この一言を言うと、相手はどう考えるだろうか」

こんな考えを小心者は至極当たり前にしてしまうのです。

ただし、ここでも残念な小心者と、成果を出す小心者では違いがあります。

残念な小心者は、保身のための心配事をしているにすぎません。

「責められるのが怖い」

「嫌われたくない」

「変に思われたくない」

不安からあらかじめ気を配っているわけです。当然、不安をかき立てるだけで、行動する勇気が失われ、時間だけが過ぎてしまいます。

残念な小心者はせっかくの気配りマインドを「自分の保身」のためだけに悪用しているにすぎません。

◎気配りするからこそ、言葉にする

一方、成果を出す小心者はどう考えるでしょうか。

実は次のような考え方をします。

「本当に大事なことだから言うしかない。責められたり、嫌われたりしたらまあしょうがないか」

と考えます。不安は当然あるのですが、本当に大事なことは言わなければいけないことを知っているのです。

成果を出す小心者になるためには、どうすればいいでしょうか？

簡単です。

気配りを保身、自己防衛に向けないことです。

どうするかというと、**気配りを「自分のため」から「相手のために」すればよい**のです。保身のためにガマンするのではなく、あなたの気配りを、周囲の人のためにしていくことで、いい開き直りができます。

相手に伝えたいこと、伝えなければいけないことがあったら、まず「相手がどう思うだろうか」と思考を働かせる、ここまでは同じです。

次に考えるべきことは「責められるのが怖い」ではなく「責められるかも。でも言わなきゃいけないことだから、しょうがない」「嫌われるかもしれないけど、言うべきことは言わないといけない」と考えることです。

もちろん、はじめは勇気が必要です。

しかし、その勇気がないと、あなたはいつまでも不本意な立場から脱却できません。

まずは、あなた自身が小心者ということを認めて自覚しましょう。

そこからすべてがスタートします。

周囲の人のことを考えたら、自分のために行動するのではなく、そのまま相手のために行動すればよいのです。

あえて小心者だと自分を認めた上で、自己保身ではなく、相手のために考え、勇気を持って行動していくことが大切なのです。

小心者思考その④「観察する力」

――本質を見る力、気づく力を高める

他人をよく観察できるのは、小心者の利点です。周囲の反応に非常に敏感だからこそ、反応を観察してしまうのです。

私は、研修講師やコンサルタントだけでなく、物書きの仕事もしています。その物書きの条件のひとつが観察力です。

普通の人なら興味を持たないことも観察して意味を見いだす力です。

私はつい最近、クルージングに出かけました。私は海よりも、団体客にアナウンスしている係の女性を観察していました。

手慣れているので、アナウンスだけを聞いていますと、基本はしっかりできています。しかし、それ以外ができていないと感じました。

おそらく、仕事に慣れているがために横を見たり、書類をパラパラめくったりしな

がら、少し退屈そうにアナウンスをしているのです。

顧客サービスとして笑顔は欠かせないですし、ほかの作業はいったん休んででも、目の前の人に気を配るのが基本でしょう。

私は、慣れてきてしまうと基本がおろそかになりがちなんだなと思いました。


そのことを友人に話すと、「さすが物書きですね」と感心されたのですが、小心者にとっては当たり前。人のみならず見聞きした出来事でも、興味を持ったことは何でも観察するのではないでしょうか。

成果を出す小心者になると、観察力はますます深まります。さらに深めると、意味を見いだし、精度の高い仮説を考えられるようになり、それは小心者思考の能力として使えるようになります。

ビジネスでも、目の前のことや社会の状況を観察し、深めて、新しい仮説や推察、意味づけができれば、新しい提案や企画をすることはたやすいことでしょう。

「周りの人は気づいていないようだけど、会社の業績が上がらないのって、そもそもここに問題があるからなのでは？」

「チームの仕事の効率が上がらないのは、作業のスピードが遅いのではなく、計画がなく、何度もやり直しがあるからだよな」

など、成果を出す小心者は、少し客観的に物事や状況を観察します。観察力が高まるとほかの人が考えている問題意識とは違うポイントが浮かび上がってきます。自然と、仮説や新しい提案ができるのです。

これをほとんど自然に行うことができるのです。

つまり、成果につながりやすくなります。

これも、もとは周囲の反応・対応を気にするという小心者が本来持っている資質なのです。

そしてこの観察力は、相手中心に、

「相手はどう考えているのだろう」

「では何を望んでいるのだろう」

「何をするとこの人は喜ぶのだろう」

と考えることにつながれば、それは気配り術にもなるのです。

一見、メンタルが強い人でも、実は気が小さい

――小心者なのにメンタルが強い人は何をやっているのか？

一口に小心者といっても、実に様々な人がいます。

先に述べた残念な小心者、成果の出る小心者という2つではありません。

そのひとつが「メンタルが強く見えるが実は小心者」という人です。

一見すごくメンタルが強く見えるような人でも、気が弱く、臆病な人も少なくありません。

たとえば、日本のトップアスリートであり、サッカー日本代表として日本人のW杯最多ゴール記録を塗り替えるなどの活躍をみせている本田圭佑選手もそのひとりだと言えるでしょう。

本田選手を知っている多くの人が彼のメンタリティを賞賛します。

ビッグマウスと呼ばれるほど多弁で、自身はもちろんチームに対して、厳しい言葉

を投げかけたり、高いモチベーションを求めたりしてきました。

大言壮語ともとれるような言葉をあえて吐き、一部のファンやメディアからもバッシングを受けても、実力でその批判を黙らせ続けています。

本田選手こそが、メンタルの強い人の代表ともいえる存在でしょう。

しかし、私はあるとき、本田選手のご両親のインタビュー記事を目にしました。それによると、本田選手のお父さんは「圭佑（息子）のメンタルは本当に強いと思いますか？」と逆に記者に問いかけたそうです。

さらに続けて「（息子が）本当にメンタルが強いかというのは疑問です。負けず嫌いは間違いないが、強いというより怖がっている。トレーニングもやらないと不安になるのだと思う」という感じで答えられていたと記憶しています。


この話からわかることは、**一見メンタルが強いと思われている人も、内心はわからない**ということ。言い換えれば、小心者といっても、見た目からしてビクビク、オドオドしている人ではないということです。

本田選手こそ、「小心者思考」をしている典型かもしれません。

不安や自信がないことは、一般的にはネガティブなことでしょう。

「自信を持て」「必要以上に不安になるな」と言われ、そういった自己啓発やセラピーも盛んです。改善したいと思う人は数知れません。

しかし、不安や自信のなさは、それこそ大きな宝となるのです。

「不安だから、準備する」

「自信がないから、人よりもっと頑張る」

と考えることで、多くの偉業や成果はついてきます。

メンタルをコントロールして、不安をなくしたり、自信を持てたりしても、それだけでは実はなんの意味もないのです。心を操ることで、心理的なストレスは軽減するかもしれませんが、あくまでそれだけ。それは悪くいえば邪道なのです。

◎不安に立ち向かう準備こそが、飛び抜けた成果につながる

不安をなくしたり、自信を手に入れたいという人の、本当の望みは何なのでしょうか。

それは、仕事や人生での目標や幸せという成果を得ることではないでしょうか。であれば、大事なのはメンタルを治療したり、診療したりすることではなく、リスクに対する準備と努力、ときにトレーニングを行い、不安にならない実力や自信をつけることでしょう。

それでこそ、成果は生み出されます。

これは本田選手だけではありません。

同じようにメンタルが強いと考えられている元サッカーの日本代表の中田英寿氏も、「準備の天才」と称されています。彼自身もインタビューなどで答えています。自分よりもうまかった選手はたくさんいた。自分より上手い人に勝つために考え続けて準備をしてきた、と。

練習はもちろん、語学も肉体作りも徹底的に行ったからこそ、当時の世界トップリーグであるイタリア・セリエＡでの活躍ができたのではないでしょうか。

私がここで言いたかったのは、メンタルが強く見える人ほど、実は小心者の可能性がある、ということではありません。

自分が小心者であると思うのなら、不安や怖さ、自信のなさなどは、準備とトレーニングや学び、実力を身につけることで、改善していけるのだということです。

小心者であることは何も悪いことではありません。

小心者であることを、活かすも殺すも自分の考え方次第。いい方向に使えば、その他大勢から抜け出すほどの大きな武器となるのです。

臆病な自分の活かし方

——臆病を活かす３つの知恵とは？

小心者思考をする人は基本的に臆病です。臆病というのは、内心でビクビクしながら人の目を気にしてしまいます。

それだけですとただの臆病な人で終わってしまうでしょう。

本書の目的のひとつは、そんなあなたを気配りのできる慎重な人にして仕事でも人間関係でも成功してもらうことです。

では、どうしたら臆病を活かすことができるのでしょうか？

私は次の３つを意識していくことでガラリと変わると考えています。

その活かし方がわかると、周囲のあなたへの対し方、接し方が変わってきます。

ラフに言えば、バカにされ、なめられることはなくなり、尊重されるようになります。時には尊敬もされるでしょう。

そうなってくると、あなたは一日が楽しくなります。それはオーバーに言えば一生を楽しくする秘訣なのです。

その日一日を「ああ生きていてよかった」と言えるようになるはずです。あなたが、リアルに味わえるのは今日という一日だけ。そして、今日という一日の積み重ねが一生だからです。

では、臆病を活かす3つの知恵をお教えしましょう。

①「気にしすぎ」を「気配り」に変える
②思考をアイディアにして行動に変えてみる
③卑下をエネルギーに変える

ではひとつずつ詳しくみていきましょう。

臆病を活かす3つの知恵①
「気にしすぎ」を「気配り」に変える

——小心者をポジティブにとらえる

小心者をやめろとか、性格を変えろというのではありません。あなたは小心者のままでいい。ただそれを、「自分を中心」に考えるのをやめるのです。何を中心にするのか、というと「相手」です。

もともとあなたは、「相手が何を考えるか？」「どんな反応をするのか？」を深く考えているでしょう。

それは、あなたが相手にどう見られているのかが気になり、最大に集中するポイントです。

悪く言われないか、変な奴と思われないか、仲間はずれにされないかなど、あらゆるケースを即座に脳内で検索するような能力があるのです。

講道館柔道の創始者、嘉納治五郎《かのうじごろう》は、「精力（能力）善用」と説きました。

小心者も、優れた能力はすでにあるのですから、それを善用しましょう。

そのためには、「気にしすぎ」を「気配り」へと変えましょう。

普段から他人にお構いなし、配慮しない人間はいます。雨が降っていて水たまりのある道を運転していても、まったくスピードを緩めずに、歩行者に水がかかろうが関係ないというような人です。

制限速度を守って走れば違法ではないでしょう。

しかし、気配りというのは法律ではありません。

あなたの良心やマナー、倫理とは密接につながります。

悪いことは悪い、良いことは良いという言葉では説明できないことも入ってきます。基準は、助かった、ありがたい、親切だな、気が利くなど、相手が思わず口にしてしまうようなことを行動で示すことです。

相手の目を気にする自分でなく、相手が感謝してくれる気配りの自分になりましょう。

臆病を活かす3つの知恵②思考をアイディアにして、行動に変えてみる
――「どうしよう」から「こうしよう」へ

臆病な人は「失敗したらどうしよう」ということばかり考えがちです。「失敗したらどうしよう」とばかり考えてしまうと、行動は鈍くなり、ネガティブ思考になり、本当に失敗しやすくなります。これはポジティブ心理学などでもさんざん言及されていることです。


小心者思考をしている人は、どのように考えるでしょうか。

失敗したらどうしようと考える人は、様々な場面を想定して保険を掛けることがあります。イザとなったら、それぞれにどのように対処するのかを、あらかじめ考えているのです。

たとえば、次のプレゼンに対して「失敗したらどうしよう」という思いが出てきた

とき、

「会議で自分の意見を初めて披露すると反対されるケースも考えられる。だから、根回しを周囲に十分にしておこう」

「断定的に話すと、相手に傲慢と思われるから、ソフトな言い回しをしておこう」

このように、根回しをしておこうとか、ソフトな言い回しにするというのが、アイディアを行動に変える例です。

臆病で失敗したらどうしようではなく、もしも失敗したときのために「こうしよう」と考えて、行動してみるのです。

「どうしよう」から「こうしよう」へと、アイディアを行動に変えていくのです。

臆病を活かす3つの知恵③　卑下をエネルギーに変える

――ネガティブを昇華させる技術

エネルギーをより高い次元に向けることを心理学では「昇華」と呼びます。

自分を卑下するというのは、小心者が陥りやすい考え方です。

臆病を活かす３つ目は、卑下するエネルギーがあれば、もっとポジティブなエネルギーに変えていくのです。

卑下は言葉にすると「私なんて……」となるでしょう。

そのあとに、自分を否定する理由の表現がつくわけです。

「スキルがないから」

「学歴がないから」

「貧しいから」

「モテないから」

「仕事ができないから」


書いているだけでも気分が悪くなります。しかし、こういう言葉を口にして、

「自分なんてたいしたことはない。だから、注目に値しない、私を見ないでください」

というのが臆病者の心理です。

◎不安な心をエネルギーに変える「昇華」の方法

あがり症の人が「相手の視線が怖い」というのも、基本は似ているかもしれません。他人の注目を浴びるほどの人間ではないと、言葉で防御しているわけです。

こういった心理に陥る対処法としては、否定的な自己卑下の言葉を口にしたらその場で打ち消してしまうことです。

「自分なんかたいしたことないよ」と卑下してしまったら、「と、よく言っていたけど今は違う」と打ち消します。

これは昇華というよりも、追加の言葉で認識を書き換えるのです。意識して言い直すことには意味があります。それは、いかに自分が自己卑下しているのかが、ハッキリすることです。

これを**「自分なんか病」**と私は名づけています。

臆病な人の卑下するクセです。

よくあるのが、「自分なんかまだキャリアが浅いから、重要なポストにつくなんて無理」というわけです。

言葉が現実を作る、というのは昔からいわれることです。

鶏が先か卵が先か、という議論でもありますが、「何かを実現することは無理」と思っていると本当に無理になってしまうのです。

「キャリアが浅いと以前は口にしていたけど、今は重要なポストも大丈夫」

実際に口に出すかどうかは別にして、自己卑下を否定しておけば内容はポジティブなものとなります。

なかには、口にしたことは、その内容がポジティブなものならそれに見合う、現実を起こす、引き寄せるという論者・指導者もいます。

このあたりは、本書のテーマではありませんが、少なくとも、自分を卑下している人の周りよりは人が寄ってきやすく、人間関係が良くなるのは確かでしょう。

そして、卑下してすぐに言い直すことで意識化できます。

多くの場合は、無意識に自己卑下しています。

打ち消しを繰り返しているうちに「あ、今〝自分なんて〟と言いそうだ」というのがわかるようになります。そうしたら、卑下撲滅までもう少し。気がつけば自分を卑下することが激減しているでしょう。

言い直して意識化すること。これがまず大事です。やがては、言い直しの必要はなく、卑下の言葉を飲み込んで、はじめからポジティブな言葉を口に出すことができます。

「やりがいがあるな」

「チャレンジしてみよう」

「前例がないからチャンス！」

という人がいれば、周囲に人が集まり楽しい雰囲気になるでしょう。

そして、良い言葉がそれに見合う素晴らしい現実を引き寄せるかもしれませんよ。

第3章

小心者を武器に変える方法

小心者を武器にする3つのステップ

――小心者であることを徹底的に使い倒す

本章では、成果を出す小心者が行っている「小心者思考」を使いこなす方法をご紹介していきます。

あなたには、小心者に対しての従来のイメージを、ガラリと変えてほしいと思っています。

従来のイメージは、気弱で行動できない、臆病で決断できない、すぐ逃げ出す、先延ばしにする、自分に甘い、弱々しい、もっと強くならなければいけない、変えるべきもの……というようなとてもネガティブなものでしょう。

少なくとも「自分は小心者になりたい」「自分の目標は小心者です」などという人はいないはず。

しかし、本書を読み終わったならおそらく、

「小心者も悪くないな」

「小心者は自分の強みだ」

という具合に、小心者であることが良いイメージに変わると信じています。

言い方を変えれば、本書のテーマは「小心者革命」であり、「小心者を武器にする」ということです。

柔道家の嘉納治五郎の言葉である精力善用ならぬ**「小心者思考の善用」**といえます。

小心者を武器にするには、次の３つのステップがあります。

①小心者の自分を変えようとしない

②小心者の自分を認める（小心者の良さを知る）

③小心者の自分の強みを最大化する

さらにシンプルにいえば、

第1ステップ　変えない
↓
第2ステップ　認める
↓
第3ステップ　活用する

「変えない、認める、活用する」です。この流れに沿って意識して実行すれば、あなたの小心者思考は、仕事でもプライベートでも、大げさにいえば人生の武器になってくれます。それは早い成功をあなたにもたらしてくれるのです。

人間関係がうまくいくようになり、仕事も快調、悩みは解消され、不満もなくなる。

それらは、あなたが小心者思考を武器としたときに、もたらされる恩恵です。

それではこの3つのステップについて詳しく述べていきましょう。

第1ステップ「小心者の自分を変えようとしない」

――自分を否定すると、何をやってもダメになる

第1ステップは「小心者の自分を変えようとしない」ことです。

これは、小心者の自分を変えよう、あがり症の自分を変えよう、と無理をしていた頃の自分への反省の弁でもあります。

もちろん自分が小心者のあがり症で、役に立ったことは多くあります。

それによって体や心を強くしようと試みたことです。似たような悩みを持った人たちとの出会いがあったり、少しだけ肉体が強くなったり、忍耐力が養成されたりしました。

ただそのスタートがずれていました。

どういうことかというと、「小心者の自分を否定して変えようとしていた」のです。

小心者である自分を変えようと努力する必要はありません。

もともと小心者なのですから、自分の性格を変えようと無理をする必要はないのです。

自己変革や、何か別の人になろうとするような、あえていえば、無理なこと無駄なことをして知識ばかり増やすのは趣味でしかありません。

そのことに気づくまでに膨大な時間とお金を投資した私はあえていいたいのです。

小心者である自分を変えなくていいと考えましょう。

するとそれだけでも、気分がラクになり、肩から荷を下ろしたような爽快感があります。先にも述べた通り、小心者であることはたくさんの強みがあるのです。

その気分で生きていくと人生は楽しいですし、良いことを磁石のように引き寄せられます。あなたは今のままでいいのです。

これが第1ステップの「小心者である自分を変えなくていい」ということです。

実は、このことは仮に小心者でなくても、心がけることです。もちろん性格面の話であり、能力開発をするなというのではありません。

今までできなかったスキルを身につけていくことも不可欠でしょう。

私も、６年ほど前に原稿を手書きから、打ち込みに変えました。これは、ほかのスキルでも同じです。年齢にかかわらず、今までできなかったことができるようになる、というのは人生の喜びのひとつでもあります。

新しいスキルを身につけることと、小心者の自分を無理に変えないことは両立します。小心者であるのは変えなくていい、ただしスキルを磨くことは積極的に行っていくべきことなのです。

ただし無理をするのは禁物です。

理由は長続きしないからです。もしも続けたいなら、一番は楽しいこと。スキル向上なら、少し苦労するくらいが一番いい。

仮に英単語を毎日覚えるのなら、普通のペースが20語なら少し無理をして30語くらい覚える。少しの無理を続け、ときどき休日にでも１００語覚えるという感じで、ギリギリ越えられる目標に設定しましょう。

第2ステップ「小心者の自分を認める」

——小心者の自分の強みを知る

さて、次は、自分が小心者であることを認めることです。
それはイコール小心者であることのメリット、いわば強みを認めるのです。
すでに述べたことも多いのですが、簡単にまとめておきましょう。
まずは小心者であることのデメリット、弱みを振り返りましょう。

- **思い切った行動ができない**
- **ノーと言えない、断りにくい**
- **心配ばかりして、不安になる**
- **バカにされる、なめられる**
- **他人の目を気にしすぎる**

・怒れない、叱れない
・緊張しやすい
・考えすぎて結局何もしない
・人を勇気づけ、励ませない
・自信を持てない

自分自身の姿を思うと、スラスラ出てきます。

それらは嫌なことかもしれませんが、自分にはこのような傾向があると認めてしまうのです。否定して自分に嘘をついても、根底には小心者の自分がずっといますから、まずは認めるのです。

もちろん小心者であることのメリット、強みもあります。

・危険を察知するのが早い（先読み能力がある）
・気になることには徹底的にこだわる
・相手の反応をよく見ることができる

・他人がものを頼みやすい
・発想・連想がうまい
・相手が気楽に接することができる
・相手がリラックスしやすい

プラスもマイナスもひっくるめて、あなたは自分が小心者であることを認めましょう。それだけでも、ずいぶん冷静に物事を判断していけますし、前述したように肩の力も抜けるはずです。

第3ステップ「小心者の自分の強みを最大化する」

――小心者の強みを武器にする

小心者であることを認めたら、第3ステップ。

それは、自分が小心者であることを受け入れて、それを活用していくのです。デメリットではなく、小心者であることのメリットに目を向け、それを活かす言動をしていくことが、活用するということです。

小心者のデメリットに、慎重すぎてなかなか行動に移れないことがあります。しかし、意識して行動するなら、「慎重に考えること」を、「慎重に考えてから決断する」「無謀な行動はしない」と変換していくことができます。

無謀なことはできない、のであってもそれを意識して行えば、無茶をあえてしない、と活用することになります。

ビシッと叱るべきところでも叱れない。

そんな小心者であっても、「心がけて叱らない」と活用したなら、感情のコントロールができる人と評価されるのです。

することは同じでも、それを意識して活用すれば、良い言動になります。

たとえば、駅まで遅刻しそうになり、あせって不安になりながら走ったとします。

また、健康のために早起きして、意識して駅まで走ったとします。

「駅まで走る」という行動は同じことなのですが、遅刻しそうになり、不安な心で走ったならそれは健康に良いとはいえないでしょう。

違いはそのときのあなたの意識なのです。

小心者の自分がすることをどのように意識するのかが、活用するためのポイントなのです。

いわゆる**「意識化」**です。

あなたが意識化できたとき、それは立派な武器になったといえるのです。

「実は小心者……」を目指しなさい

——性格は変えられないが、活かすことはできる

これまでに述べてきたように、私は臆病で、気の小さい小心者です。

それを認めることが抵抗なくできれば、やがて活かすことができます。

「自分は小心者ではない」と無理に変えようとすると、小心者の性格が少しでも顔を出したときに、自己矛盾を抱え、臆病であること、気が小さいことを隠すようになり、コンプレックスにまでなってしまいます。

あがり症の改善においても、まず「認める」ことが大切です。

「私、実はあがり症がひどくて……」と昔のことを話すと冗談だと思う人がいます。

こんなにたくさんの人の前で話していたのに、というわけです。

あがり症であることを認めてしまうと、克服は案外難しいものではありません。

人前で話すことに対する思い込みや、話し方や悪いクセを取り除き、声の出し方や間の取り方などを変えると、自然と改善されます。

人並みに話すこと、講演会で話したり、人に話し方を教えたりするくらいは、その気さえあれば誰にでもできることです。

小心者もこれと同じです。自分が小心者であることを認め、悪いクセやネガティブな思い込みを取り除くと、改善することができます。

ただし、小心者は内面を指すもので、性格そのものでもありますので、実は変えられるものではありません。

「三つ子の魂百まで」ということわざがあるように、性格や気質は幼少時にほぼ形作られます。ですから、あなたが3歳未満なら変わるかもしれませんが、そんなことはありませんよね。

ですので、小心者であることを否定したり、性格を変えようとしたりするのではなく、受け入れることが大切なのです。

内向的で、争いたくなくて、人から何か言われないかビクビクして、ノーとはっきり断れなくて、将来を考えると嫌なことばかり浮かんでしまうかもしれません。

なんのことはない、私自身、あるいはあなたのことです。

繰り返しますが、無理に克服したり、変えたり、直すものではないですし、それはできないのです。

あなたが小心者であること自体はなくせません。変わらないのです。

でも、活かすことはできます。

あなたが仕事で成果を出し、プライベートでもうまくいっているときにこう言うのです。

「実は私、小心者です」と。

それは、目標にしていいものです。笑って言えたら、あなたはもう大丈夫ですよ。

「石橋を叩いて渡る」を続けよ

——勇敢な冒険家ほど、危険を知り、リスクを減らす準備をする

慎重に物事を進めるのは悪くありません。

「暴虎《ぼうこ》馮河《ひょうが》」

という言葉があります。虎に素手で立ち向かい、大河を徒歩で渡ることが語源です。一見、勇敢に見えても、いきなり危険をかえりみず石橋も叩かないと、それは凍った河を虎が走るようなもので、手痛い目に遭う危険な行為だ、という意味です。

もちろん時として冒険は必要です。冒険のない人生は面白くないでしょう。

ただ、あえてチャレンジをして、勝算なしに立ち向かうことの価値は認めつつ、慎

重にリスクマネジメントをしながら行動することが大切です。

私も以前は冒険心でフラリと海外を放浪していました。

団体旅行を毛嫌いしていた私は、「世界武者修行」と名づけて、アジア各地をバイトしてはお金を貯めて放浪していました。

石橋を叩かず一気に駆け抜けるようなスリルがたまりませんでした。ちなみに世界武者修行は、思想家でありマクロビオティックを世界行脚して広めた桜沢如一《ゆきかず》の書いた冊子を読み憧れてネーミングしたものです。

「遊ばざるモノ食うべからず」とか、「命時間を金で売るな」とか、とても刺激を受けました。私は自然食よりも、桜沢如一の生き方に憧れていました。それは、信念のもとにリスクを恐れず生きることでした。

小心者の自分にはできないからこそ憧れたわけです。

しかし年月を経ると、ひとりで海外の裏町などに入り込むのは危険だとわかってきます。当時は危険を知らずに、冒険のつもりで行動していたわけです。

そうすると、安全を第一に考え、イザという事態も想定している団体旅行の良さもわかるようになりました。冒険心やスリルは高揚感を与えてくれますが、慎重さというそれ以上に大切なものを知ったのです。

私が言いたいのは何も「冒険せずに小さくまとまれ」ということではありません。**冒険のためにしっかりと準備すれば、何も怖くない**ということです。冒険家は、準備なしでチャレンジし、行動するのではありません。

石橋を叩くのは、「慎重でありなさい、あらゆるケースを想定しなさい」という意味のたとえ話。無為無策でチャレンジするのは、冒険でもなんでもなく、先の「暴虎馮河」そのものです。凍った河に無策で突き進むのは、ただの無謀で愚かな行為にすぎません。

では具体的にはどうすればいいか？

①自分がやりたい、挑戦したいと思ったことを決める
②挑戦することによって想定されるリスクや事態を洗い出す
③想定されるリスクへの対策をする

これだけです。

チャレンジや挑戦することこと自体が悪いわけではありません。

準備も何もせずに行動することがダメなのです。

勇敢な冒険家ほど、危険を知り、リスクを減らす準備をしています。

冒険の価値・意義を知った上で、自分の性格を活かしましょう。小心者思考であるあらゆるケースを想定する力が、あなたにはあるのです。

それを活かして、何か行動する際には石橋を叩いて渡る慎重さを発揮してほしいのです。勇敢さを失わずに、今まで以上に意識して石橋を叩きましょう。

「よし、大丈夫」と判断したなら、行動自体は速く大胆に進めるのが成功のコツです。

いつか橋は渡らなくては、絶対に向こう岸には行けないのですから。

「臆病」を「謙虚」にまでもっていく

――「じゃあどうする」と考えると、自信が生まれ、謙虚に変わる

「臆病」というのは、そのままでは否定的なニュアンスがあります。

ただ、ここまで述べているように、すべてはとらえ方次第で、小心者は成功への武器になってくれます。

この項では「臆病」というネガティブな響きを持つ特性を、いかにして「謙虚」というポジティブな評価に変えられるのかについてお話ししましょう。

臆病というのは、小心者であることそのものです。

何に対してもビクビクオドオドして行動しない、もしくは行動できない、というイメージを持つのではないでしょうか。

この根源にあるものは、「自信のなさ」かもしれません。

自分に自信がないと、自分でなんとかしてやろう、成果を出してやろうという気概がなくなります。

失敗したくない、周りの人を失望させたくない、周りからの評価を下げたくない、といった思考になり、何かにチャレンジしたり、一歩踏み出す勇気が持てなくなったりするのです。

◎「自信がない自分」を認めると、本物の謙虚になれる

ここで小心者思考を使いましょう。

成果を出す小心者は、「自分に自信がないこと」を認めます。

あなたも、自分に自信がないことを認めてみましょう。

どう感じるでしょうか。

自分に自信がない、とわかったら、どうしますか？

小心者思考の選択肢としては、

「他人の力を借りる」

があります。自分で成果を出す自信がない、好きな異性を口説く自信がない、このプロジェクトをやりきる自信がない。

自信がないといっても、それは様々でしょう。

それを受け入れたら、「じゃあどうする？」と自分に問いかけてみるのです。

自分ひとりで成果を出すのが難しそうなら、他人の力を借りましょう。

たとえば、会社のプロジェクトを任されたとして、自分に自信がなかったら、

- **上司にどうすればいいか相談する**
- **同僚、同期、大学時代の友人に力を貸してもらう**
- **同じようなプロジェクトを担当した人に、アドバイスをもらう**

などが考えられるでしょう。

臆病で、自分に自信がなくて、チャレンジすることが不安なら、周りの人をうまく

使って、達成すればいいのです。

「自分は臆病だからダメ」

「小心者だからダメ」

ではなく、

「自分は臆病だから、他人と一緒に頑張ろう」

「自分は小心者だから、自分以外の人に協力してもらおう」

と変換してみましょう。


ソクラテスはかつて**「無知の知」**という有名な言葉を残しました。

自分が無知であることを知っている時点で、それに気づいていない相手より優れているという意味です。

自分は臆病な小心者である、と足りない自分を知っていることはとても大切なことです。それを武器に変えればいいのです。

「だからどうする？」

そう自分に問いかけてみましょう。

そうすれば、単なる臆病者ではなく、「謙虚」に変わるのです。

◎傲慢にならないよう注意しよう

謙虚を目指すのは大切なことです。

謙虚の反対は傲慢。これに陥らないように注意しましょう。

なぜなら、どれだけ小心者で、自分は謙虚だと思っていても、人は自分を認めてもらいたいという「自己承認欲求」があるため、無意識のうちに傲慢な態度をとっている可能性があるからです。

私の例で恐縮ですが、ＳＮＳなど眺めていると、自己宣伝の激しい人を見かけることがあります。

ビジネス的な側面もあるのでしょうが、わざわざ自分がどこの誰で、こんな仕事をしていると、すごい成果を出していると、それはまあ派手なものです。

私は自己宣伝しませんし、する必要もありません。

その理由は、自分がすごい人間であるなどとわざわざ言わなくても、実力があれば仕事に困ることもなく、オファーも自然と届くものだからです。

また、それは自分がすごいわけでもなく、周りの人のおかげです。それをすべて自分の手柄にして、実績を公言するなんて私にはできません。

それは、謙虚とはほど遠い正反対の態度です。

自分を認めてもらいたいという気持ちはわかりますが、それを公言するのは控え、謙虚でいるよう意識しましょう。

ですから、ＳＮＳ系で自己宣伝している方は、仮に実績が本当であっても謙虚とは思われません。

自分で実績を話すと、自慢しているととる人がいる、ということになり、これは謙虚とはまったく思われないのです。

成果を独り占めしない

――成果はすべて他人のおかげ、と考える

「臆病な自分」を「謙虚な自分」に昇華するためにすべきことは何でしょうか。
まずは、先にも挙げた、
「自分の実績を自分では言わない」
ことです。
そのための大前提になるのが、「実績を残す」ことですが、本質ではありません。
本当に大事なのは、**「実績を独り占めしない」**ことです。

ひとつずつ見ていきましょう。
まずは実績や結果、成果を出す必要があります。自己宣伝しないことはもちろんですが、そもそも何かしらの実績や実力がなければいけません。これが大前提です。

ですから、「実力を磨くことを怠らない」これが大事なのです。

本書では、小心者思考をするために「小心者であることを変えずに、認め、活かしなさい」と言っています。

私がこう言うと、ときどき勘違いされる方がいます。

「今のままでいいんだ」

「何もしなくても今のままでいいんですね」

と。

小心者であることを活かすことと、なんの努力もしないこと、実力を高めることもしないことは、当然イコールではありません。

小心者のまま、自分の実力を磨くことが大事なのです。

ここでは実力の磨き方そのものには触れませんが、自身のスキルをさらに磨き、自己成長する。そして、仕事で成果を出していくことです。

優秀な小心者の経営者やトップアスリート、つまり小心者思考をする人は、実力はあっても、過度に自己宣伝することはありません。

能ある鷹は爪を隠す、ということわざがありますが、自分が優秀であるか、実力があるか、というのは誰かに自分で言うものではないのです。

◎成果は「所有するもの」ではなく「他人に与える」ものである

そもそも謙虚とは何か？

それは自分のことをすごいとも、偉いとも思わず、常に人から学ぶ姿勢のある人のことです。小心者思考の人は、謙虚そのものです。

実績を出すこと、成果を出すことはもちろんですが、それによって「自分はすごい！」「自分は偉い！」と考えないことです。

たとえば、圧倒的な実績を残している孫正義氏。彼は皆がすごいと思っていますが、本人はいたって謙虚。彼は自分のことを「俺はすごい」「俺は偉い」と思っているでしょうか。

そんなはずはありませんよね。

実際、誰であれ、すごいこと、圧倒的な実績、業績を残しても、その結果はほとんどの場合、自分ひとりで得られたわけではないのです。

会社の経営者であれば、従業員や取引先、パートナー、銀行、自分を大切にしてくれた親や学校の先生、若いときに指導してくれた上司や仲間。さらには運もあります。それらが合わさって、たまたま実績として表れたのです。

それは「俺がすごい」のではなく、結果として良いものになったにすぎません。

小心者であることを認めた上で、常に結果を意識する。

そして、その結果を自分自身の力だと勘違いしないことが、成果を出す小心者思考をするための大事な考え方なのです。

小心者の話の合わせ方

――徹底した情報収集から始めなさい

小心者は相手の側、立場に立って考えることができるのだなと、改めて思います。人の心理というのは不思議なもので、話が合うか合わないかで、相手の好き嫌いを判断するところがあります。気が合う、というのはほとんど話が合うかどうかが決め手になります。

優秀な小心者は、人のペースに合わせるのが得意です。そのための方法をお伝えしましょう。

相手との会話ペースを合わせるのは、文字通り「ペーシング」と呼ばれる技術です。コミュニケーションなどの本には、「そうですね」とあいづちを打つことが大事などと書かれていたりします。

ただし、実際には「そうですね」だけでは、まったくの不十分です。事実、あなたの話に「そうですね」しか言わない人には、好感など持てないでしょう。

ここでは小心者のためのペーシングをお伝えしましょう。


それは**「徹底した情報収集をする」**ことです。

接する相手についての情報、特に好みや趣味など、何に興味を持っているかを重点的に集めましょう。

話を合わせるには、どういったペースで話すとか、そういった場当たり的な技術ではなく、本質的に話が合う、という状況を作り出すことのほうが重要です。

どれだけ会話のペースやスピードが合ったとしても、話の内容や興味、趣向や考え方の方向性が合っていなければ、なんの意味もありません。

そうではなく、相手がしてほしい話を話す、相手が話したいことを話させる、これが小心者のためのペーシングの基本です。そのために相手の情報をある程度取得しておくことです。専門的にはホットリーディングといいます。といっても、なにも相手の身辺調査をしろ、などということではありません。

相手が何を考え、何に興味を持ち、どういった話が好きなのかをなんとなく知っておくことです。

これがどうして小心者のためのペーシングであるかというと、情報収集は事前準備を周到に行える小心者の特性を活かすものだからです。

◎自分で調べると、いろんなことがわかる

ひとつ例を挙げましょう。

5、6年ほど前、あるフリーペーパーの編集部から執筆の依頼がありました。

「『島耕作』をご存じでしょうか？　登場人物の人間関係とそれぞれとのつき合い方を書いていただきたいのですが」

『島耕作』シリーズは、サラリーマンを題材に、主人公である島耕作が課長から部長、取締役、常務、専務、社長、会長へと出世する、ほかに類を見ない展開を見せる人気漫画です。

連絡をもらったときは、少し読んだことがある程度で、詳しいわけではありませんでした。しかし「これから調べます」とは言えませんでした。

そのあと、大きな書店に出かけ、すべて購入しました。最初は資料としてのつもりが、弘兼憲史の世界が面白くて、結局全部熟読してしまいました。おかげで執筆はうまくいったのですが。

これは、前述の「こんなことも知らないのか？」と言われたくない小心な自分が、調べずにはいられなかったからです。

このことは、何にでも置き換えられます。仕事でもプライベートでも、可能な限り情報収集を欠かさないことです。

プライバシーが重視される現代では、出身地や、出身校、生年月日など、状況によっては個人情報なので集めるのは難しいかもしれません。

それでも、ＳＮＳが当たり前になった今こそ得られる情報は多くあります。相手の食べ物の好みや、好きな音楽、好きなタレントやアイドルなどの情報であれば、比較的集めやすいでしょう。

考えは小心者に、行動は大胆に

――小心者に必要な本当のスキル

慎重であることは、決して悪いことではありません。

ただし、動き出すのが遅かったり、慎重になりすぎて大胆な行動や決断をしなかったりする傾向にあります。

基本、目立ちたくないという思いが無意識にあるために、人と違う行動をしたり、思い切った行動をしたりするのを恐れます。他人から注目されることになり、それが嫌なので避けてしまうのです。

ビジネスで成功するには、慎重さ、小心さというのは欠かせません。

特にスタート前には情報収集や人の協力を得ておく根回しも必要です。

ここの、準備段階においては、小心者であることが有利に働きます。

「慎重さ＝先読み力、あらゆる可能性を見いだす力」です。

フレームワークで有名なＭＥＣＥ（ミーシー）というものがあります。

Mutually（お互いに）
Exclusive（重複せず）
Collectively（全体に）
Exhaustive（漏れがない）

の頭文字を取ったもので、モレやダブリがないことです。小心者はこれを使いこなすのにも向いています。

また、計画、行動、反省、改善という仕事の流れ、いわゆるＰＤＣＡサイクルの中で、計画や反省は小心者の強いところです。

しかし、欠けてしまいがちなのは、行動です。

下手をすると、石橋を叩きすぎてなかなか橋を渡れなくなります。

あらゆる可能性を考えているうちに、「もしも失敗したらどうしよう」という不安感が膨れてしまい動けなくなってしまうわけです。

これはよくある会議後のトイレでの会話が、小心者に多いことを示しています。

「採用されたあのアイディアは、前から俺も考えていたんだよ」

考えていたなら、発言して採用されるよう動けばいいのです。しかし実際は何もしない。これは残念な小心者の典型です。もしも本当に前から考えていたなら、ですが。

ですから、小心者の改善すべきことは、思い切った行動なのです。

発言しようかしないか迷ったら、とにかく手を挙げてみる。

集まりに誘われたら考える前に、参加を表明してしまう。

ときには思い切って、考える前に行動をしてしまうのです。

「とにかくまずやってみよう」を合言葉にすることです。

アイディアは最低でも2案持つ
――選択肢を複数持てると小心者は強い

行動が大胆にできないのは、意識して改善したいところです。

行動のためのアイディアを出す上で注意点があります。

それは、**「具体的にする」**ことです。

人が行動したり、人を行動させたりする際、具体的にすることが鉄則です。

たとえば、

「契約を取れるように、次からはもっと頑張れ」

と言われると、何をどう頑張っていいのかがまったくわかりません。特に新人や経験の浅い人だと、「頑張っているのに、どうすればいいんだろう」と悩むことになるでしょう。

そうではなく、

「契約数を増やすには、見込みのあるお客にアプローチしたほうが早い。相手が見込み客かどうかをリサーチしなさい」

と言われれば、行動しやすくなります。

このように具体的でなければ、行動は遅くなるのです。

たとえば、小心者思考はやめるべき、という類も、その典型です。

「ではどうやって？」となります。

具体的に「こうする」というのがないと行動できないのです。

「体重は減らすべき」

「タバコはやめるべき」

といくら口にしても、具体的にこうするという方法がなければ、行動につながりません。行動なくして成果なしです。

具体的な例を出しておきますので、あなたの行動の際に参考にしてください。

たとえば、休みの日に二度寝をしてしまうので、時間が有効に使えないという問題があったとします。

「二度寝しないようにすべき」と考えるのでは意味がありません。
具体的な行動にする必要があります。具体的な行動のアイディアを出しましょう。

- **目覚ましを2つ用意しておき鳴らす**
- **隣の部屋に目覚ましを置いておき鳴らす**
- **モーニングコールをしてもらう**
- **携帯のアラームといくつかの併用**

などといくつものアイディアを具体的に出し、そのうちの複数案を行ってみて、結果を見ることを繰り返します。

もしもひとつだけですと、万一そのアイディアが効果なしの場合に行き詰まってしまうでしょう。ですので、複数案をあらかじめ準備するのです。

このあたりは、休日の二度寝ならまだ大丈夫でしょうが、ビジネス関係でしたら必須です。

仮に出張で、訪問先の担当者が急病だったらどうしますか？　あらかじめ万一に備えておくのは、小心者思考ができる人ならお得意のところです。

- **他社の訪問先もリストにしておく**
- **他部門の別の担当者に営業をかけてみる**
- **時間帯によっては、許される範囲で観光をしたり休んだりする**

などのプランを用意しておきましょう。

「訪問先で待たされないようにするべき」といっても、相手の都合で無理になることもあります。電車が故障で止まるなど、不測の事態に備えておくのはビジネスの常道ともいえましょう。

台風思考
――あらゆる想定外をゼロに近づける思考法

楽観的に考えると気分は良いですね。

しかし、ビジネスにおいて根拠のない楽観主義になってはうまくいかなくなります。

もちろん物事は肯定的、積極的に考えれば行動にもつながりますので、ビジネスを成功させるのに、肯定的な思考は原動力になります。

全世界２０００万部を超えるベストセラーとされ、現在の自己啓発の源流にある本があります。ノーマン・Ｖ・ピール博士の書いた『積極的考え方の力』（ダイヤモンド社）です。この中で心の態度、心構えは成功要因として最も大切なのだとＰＭＡ（ポジティブ・メンタル・アティテュード）として紹介したのです。

しかしそれは、ビジネスシーンではそのまま問題解決には使えません。

絶対にこの商品は売れる、と楽観的に考えるだけでは、現実的でないことはおわかりでしょう。

むしろここで大切なのは、可能性を想定して、準備しておくことです。

まさに小心者思考そのものです。

「万一、相手が数量を少なめに注文してきたら？」

「もし、少し納期を早くしてくれと要求してきたら？」

「再度値引きを要求してきたら？」

「もし、担当者が急に代わったら？」

などと、「もしも」とあらゆる想定をしておくのです。

これこそが、先にも挙げた「ＡＳＫ ＩＦの思考法」です。

ただの楽観思考ですと、商品を必ず買ってくれるとだけ思えばいいのです。

が、現実のビジネスでは、**あらゆる想定をしておき想定外をゼロに近づける**ほうが成功する可能性を高めます。

その想定は、問題になりそうな具体的な想定です。

当然それは、ネガティブな中身を考えることになるでしょう。

ある楽観主義を提唱している方は、そのようなマイナスも、考えないように教えていたりします。

しかし、それでは想定外のことで問題解決などできなくなります。

日常の基本は肯定思考、ＰＭＡでいいのです。成功するという自信を持つことは重要です。

ただし、ビジネスの場では、あらゆる想定を事前にしておきましょう。

これを「台風思考」と呼びます。

ただの楽天思考なら、「台風は直撃しない」「台風が直撃しても大丈夫だろう」と楽天的に考え、何もしないでしょう。

これだと、台風が来たときに想定外だといって、あわてることになるのです。

「もしも停電したらどうするか？」
「もしも窓ガラスに何かぶつかってきたら？」
「もしも買い物に行けなくなったら？」

そんな想定は、怖がり屋の小心者には容易にできるでしょう。

じゃあ懐中電灯とロウソクを買っておこう。ガムテープでしっかりガラスを目張りしよう。ドアも補強しておこう。水と非常食も当座分準備しておこう。

というように台風が来ても想定内だと騒ぐことがなくなります。

この場合の想定は、中身は確かに楽観的ではないのですが、あらゆる想定をして準備しておくのは、決して日頃ポジティブに考えるのと矛盾はしないでしょう。

ですので、ビジネスでは「台風は来ないだろう」という何もしない楽天家になってはいけないのです。

小心者だからこそ考えられる様々な不安に対して、十分に想定して対応を考えておくのです。

想定外をゼロに近づけるからこそ楽観的に考えられる、というのが「台風思考」の神髄です。

第４章

小心者のための「心を整える」法

感情の変化を観察すると、心は回復する

――嫌な感情をスーッと消す技術

「あくまで、小心者の私の意見です」というように、少しでも争いを避けるような言い方をしたがるのは、小心者の特徴かもしれません。

コロコロ変わるからココロというぐらいですから、感情の変化そのものをなくすことはできません。

ですので、もともと無理なことに労力を費やさないようにしたいものです、特に小心者、臆病な方は。

もともと喜怒哀楽があるのが当たり前です。批判されたら嫌な感情が湧いてきます。が、それをすべて受け入れましょう。そんなことないと否定して、受け入れないでいるとかえって長引きますし、落ち込んでしまいます。

まずは感情の変化を受け入れてしまうこと

これがポイントです。多少強い人なら、ひとりで跳ね返すこともできるでしょう。小心者でもなければ、たとえば勝海舟のように、

行いは己のもの
批判は他人のもの
知ったことではない

と、蹴飛ばせばよいのです。

しかし小心者は気になります。ですので、長引いて落ち込む前に、すべて受け入れましょう。批判されて嫌な気分になっている自分を１００％認めてみましょう。

ここから、小心者思考でアレコレ「考える」ことを、自分の感情に向けるのです。

「嫌な思いは、どんな感情なのか？」と。

まずは受け入れると、自分の感情の変化を観察することができます。

すると、嫌なことをいうな、という怒りがあってそのあとに、

「まともに言い返したりすると、今度はもっと言われるかもしれないから、怖いなあ。なんとかしなきゃと迷いのある状態かな、今は」


と、自分の心の状態が観察できます。

すると不思議なもので、嫌な感情はスーッとなくなっていくのです。

声に出して「実況中継」すると、もっと早く解消されます。

「今、批判されて嫌な気分になっています」

「相手に怒り、憎しみを感じます」

「でも本当に怒りをぶつけるとあとの仕返しが怖い」

と、まずは感情を受け入れて、その変化を言葉にしてみるのです。

すると落ち着いてきます。

怒っているのに怒っていないと思い込むようにしたり、怒らないようにしたりする必要はないのです。

そうではなくて、感情の変化は人間なら当然と、まずは受け入れ、その上で自分の心の状態を観察、分析していきます。これは、あがり症にも有効です。

「今ドキドキしています」「今顔が赤くなってきました」「膝がガクガクしてきました」というように、緊張していることを認め、受け入れて言葉にし、自分の感情の変化を分析していくことで、緊張は急速に収まっていきます。

感情の変化は無理に変えようとせず、回復を早めるために自分の変化を見つめればいいのです。

あらかじめ何かすることはあるのか？

何もしなくていいのです。

考えを自分の喜怒哀楽に対して、事前に向けないことです。

逆に意識に上ってそのことばかりにとらわれるのは意味がありません。

感情は変化するのが当たり前。変化したら、ありのままに受け入れ自分で自分を見つめて観察する。それが、早い回復への道です。

折れない心を作る3つの法

——考えないようにすることが、考えすぎる自分を作る

折れない心を持ちたいですか？

小心者には、特に必要かもしれません。そのための3つの方法を紹介しましょう。

①折れない心を、ことさらに作ろうとしない

ある禅僧のもとに、悩み多き小心者の青年が尋ねてきました。

「和尚さん、相談があります。毎晩夢の中にカピバラが出てきて眠れません。どうしたらいいでしょうか？」

すでに睡眠不足で困っていた青年は、禅僧をじっと見つめて懇願するのでした。

「よろしい。良い方法を教えよう。これから1週間、カピバラのことを考えないようにしなさい。それでも出るようならまた来なさい」

禅僧のアドバイスに、青年は喜んで帰りました。

１週間後、青年は相当にやつれて、ふらふらと青い顔をして、再びやってきました。

「どうだったかな？」

「ダメです、和尚さん。今では昼間もカピバラが出てきます」

この逸話では、「考えないようにする」ことで、逆に朝から晩までそのことばかり気になり考えてしまう。やるべきことがおろそかになるという教えです。

折れない心を意識するときはどんなときでしょう。

おそらく、耐えられないような嫌な、ショックな出来事に遭遇したときでしょう。当然そのことは考えたくありません。しかし、それではカピバラと一緒で、朝から晩まで考えたくないことに集中してしまい逆効果です。

考えまいとするほどに考えてしまう。これを**努力逆転**といいます。自分の想いを異性に、なんとか伝えたいと迫れば迫るほど逃げられるようなものです。

「折れない心になりたい」と四六時中考えていると、そこにとらわれてしまいます。あなたのするべき仕事も、築くべき人間関係も、おろそかになりかねません。ですので、あえて言います。「よし、折れない心を作ろう！」とことさらに力まないことです。折れない心は、むしろ日頃は忘れているくらいに、リラックスできている心の状態なのです。

②悩む時間を決める

悩む時間をスケジュールに組みます。

たとえば金曜の午後2時から15分というように。

そして、悩む時間にはいくら悩んでもいいと決めて、あとの時間はその日やるべきこと、仕事などに没頭するのです

悩みをスケジュールに組み込むことにより、そこまで頑張ればあとは楽になれる。好きなだけ（といっても15分とか20分くらいですが）悩めるんだと思えばよいのです。

ビジネスだと、納期のない作業・仕事はいつまでも続けてしまいますよね。

身近な例なら、メールのチェックなどがそうでしょう。デッドラインは自分で決めないといつまでもだらだら続けてしまうことになります。悩む時間も同じです。特に締切りがないと、いつまでも悩んで心が折れてしまうわけです。

それなら心が折れてしまう前に、デッドラインを決めて悩みましょう。

③今日一日だけ折れないと決める

とにかく、どんなことがあろうと、「今日一日だけ」は心が折れない自分でいようと決めましょう。これからずっと、折れない心にしなくてもよいのです。わずか１日でよいのです。

朝目が覚めたら、「今日一日折れない心でいる！」と宣言しましょう。それならできそうでしょう。今日一日だけでいいのですから。明日は自由にしていいのです。

そして翌朝、あなたが目覚めるとそれはいつでも今日なのです。そして、再びあなたは「今日一日、折れない心でいる！」と宣言します。明日があるのはカレンダーの上だけです。あなたが体験できるのはいつでも今日だけです。

今日だけでも、折れない心でいましょう。

それを日々意識するだけでも、生涯にわたって強いメンタルを手に入れることができます。

他人の目を気にしない訓練

――緊張状態を自由自在に操る法

小心者とあがり症は違います。

小心者の人すべてがあがり症というわけではありませんし、あがり症の人が皆、小心者というわけではないでしょう。

小心者ではない、普段は外交的で、気が強く、どんどん自分の思っていることを言えるけれども、人前に立つとあがってしまう、という人もたくさんいます。

しかし、小心者とあがり症には共通点があります。

相手の反応、他人が自分を見る目を気にしてしまうことです。

そして、変に思われていないだろうか？

どうしようとあせり、考えすぎるから、緊張しすぎてしまいます。言い方を変えると、緊張を自分でコントロールできなくなっているのです。

頭が真っ白になる。顔が真っ赤になる。膝がガクガクする。

緊張も度を越すと、冷静に考えて論理立てて話すことなどはできなくなるでしょう。

でも、緊張がまったくゼロになってしまうと、やる気が感じられない、とか不真面目というようにあなたへの評価は下がってしまうでしょう。

さらに、うっかりミスをしたり、物忘れをしたりすることもあります。

これは緊張度が下がりすぎた状態です。


小心者は、注意深さを保たないと、「活かす」ことにはなりません。

あがり症を活かすには、「適度な緊張」を維持することです。

「過度の緊張状態」があがりなのですから、それを下げる。

あがりとは、本来あるべき、臍下丹田《せいかたんでん》におさまるべき体の重心が、上にきてしまう状態です。ですから、顔が赤くなったり、肩や首が硬くなったり、足に力が入らず膝が笑うなどということになります。

瞬間的に重心を下げるのなら、その場でジャンプするとか、スクワットするといいのです。

相撲の四股を踏むとか、剣道の蹲踞《そんきょ》の姿勢とか、正座のような武道系なら腰を落とすとか、しゃがむような動作で重心を下げると、落ち着くのです。

相手を尊敬して、お互いが最高の状態で闘うことのできるように、蹲踞や腰を落とした姿勢で相手と見合い、ピークで技を交換していきます。

体のいわば「重し」である重心が上になってしまうのが、身体状態から見た「あがっている状態」なのです。

ですので、松本式のあがり症克服法は、まず身体状況をあがっていない状態に戻すことから入ります。

今日から「体の重心を下げる」ことを意識して取り入れてください。

◎体の重心を下げるトレーニングをする

また、あがり症の人はそうでない人と比べて、あがってしまうことについて考えている時間が長いのです。

重心を下げることをする、と決めて体を動かすこと。

それは、結果として「あがりそのもの」から考えを離すことにもつながります。重心を下げることは、あがりにとらわれない心を築くのにも役立ちます。

私は、10代の後半に、ヨガ道場に通っていました。

体を鍛えたら小心者の自分が変われるかと思いました。

のめり込みやすいタイプですから、その数年後にはインドに行き、ヨガを極めようとリシケシという北部の聖地まで行き、修行のまねごとをしてきました。

10代の頃の私のヨガの先生は、『知られざる健康法』（青春出版社）という本でベストセラーを出した藤本憲幸先生でしたが、惜しくも数年前に亡くなられました。

当時の私は、本も出していませんでしたし、それこそどこの馬の骨かわからない将来も定まらない男でした。

その藤本先生は、よく東京で講演会を行っていて、学生の私は鞄持ちをしていました。テレビ局にも、先生は『ズームイン!!朝！』でレギュラーのコーナーを持っていたので、ついていくこともありました。後年自分がテレビ出演をしたのも、あの頃のイメージが潜在的にあったのかもしれません。

ある出版社が主催する講演会でのことです。

私はヨガ道場に入門したそもそもの動機を恐る恐る、藤本先生に話しました。あがり症を治したいということを。

ただ講演時間もせまっていましたから、「松本、もうすぐ始まるから。続きはあとで話すから」と言われて、私は講演会場の後ろで聞いていました。

ヨガの話を15分ほどしたでしょうか、突然大声で、

「そこのあがり症、出てきなさい！」

と言うのです。１００人以上の聴衆の中、私は顔を赤くして壇上まで行きました。

すると先生はなんで来たんだ、という顔をして「呼んでないよ」と言います。

私は納得いかないながらも再び会場後方に戻りました。

さらに講演は進みましたが、２回目です。

「あがり症、前に出なさい！」

私はやや感情的になり訴えました。どうして大勢の人の前で呼ぶのですかと。

そのときのやりとりは40年たった今でも鮮明に覚えています。

「君は、アイアムあがり症、という考えをまず捨てなくてはいけない。なんで１００人以上もいる人の中であがり症と言われただけで、のこのこ出てくるんだ！　すべて君の想いだから、そこから変えないといけないよ。荒っぽいやり方だけどこれが私の答えだ」

とニコッとされました。

そうだ、自分はあがり症だと信じ込んで、本を読んだり、話し方教室に行ったり、まさにアイアムあがり症でやってきた。「あがり症で悩んでいまして」という自己紹介も何度したことか。

そうか、その意識を根底から変えていく必要がある、と気づかされました。

◎自分はあがり症だという想いから脱却する

そのための、具体的なスキルを探し出すのがその後の私のテーマにもなりました。

現在は「スピーチドクター」という肩書きを持ち、あがり症で悩む人に対して書いた本もロングセラーとなりました。

縁あって数年前に藤本先生の息子さんと懇意《こんい》になれて、不思議な縁に感謝していま
す。

「私は○○である」というあなたのネガティブな思い込みはなんでしょうか？

本書の、自分は小心者とか臆病であるというネガティブな想いがあるのなら、まず
は受け入れることが先決でしょう。

すぐにできる感情コントロールの３つの技法

——体を動かし、言葉を変えると心は整う

①息を吐きながら親指を引く

親指は迷走神経に通じるといいます。

息を吐くのは副交感神経の刺激で落ち着きたいときには効果大です。

あがりには深呼吸が定番ですが、吸う息に力が入ると交感神経の刺激でますます緊張してしまうので要注意です。

さすがに、緊張したから「重心を下げよう」と人前でスクワットはできないでしょう。でも、親指を引くくらいなら可能です。

チャレンジしていくうちに、無理に親指を引かなくても、息を深く長く吐くと意識しなくても、心が安定してくるようになりますから、面白いものです。まずは、繰り返して自分の変化を感じとりましょう。

②首・肩・腕のセルフマッサージ

緊張すると体が硬くなります。硬化しているのは、首・肩・腕の上半身です。とっさには、軽く揉んだり指圧したりしてみてください。

目的は柔らかくすることです。肩を回す、肩の上げ下げ、首を前後左右に倒す、回すなどでもいいのです。余分な力が抜けるとあがりはラクなレベルまで下がってきます。

大切なのは力を抜くことなのですが、力は抜こうと意識しても抜けません。

たとえば拳《こぶし》の力を抜くのなら、反対に**「思い切り力を入れる」**のです。目いっぱい拳を握ると力が自然に抜けます。同じことは肩の力を抜くのでもできます。思い切り両肩を上げます。わざと緊張させますので、呼吸は息を吸いながら行います。

極限までいくと力を抜きますが、このときはハアーと息を吐きながら、ストンと落とします。3回も続けるとすっかり力は抜けて、感情が整っていきます。

③肯定的に宣言する

これは英語でいう「アファメーション」です。

「あがりを治す」
「あがらないで人前で話す」
「私はあがり症に打ち勝つ」

といった表現は避けましょう。自分で力強く宣言するのですが、例に挙げたのは「あがり」という語が入っているので、あがりを意識させるため好ましくありません。

病気を治すではなく、健康になる。
貧乏から抜け出すではなく、金持ちになる。

ですので、「人前であがらないで話す」という形ではなく、「私は人前で堂々と話している」という宣言にするのです。

これならあがりではなく、堂々と話す自分をイメージしやすいでしょう。

パム・グラウトは『「感謝」で思考は現実になる』（サンマーク出版）の中で、「今日、何かとてつもなくすばらしいことが起こる」と毎朝宣言している、と述べています。

毎朝の宣言は、とても気分の良いものです。

私は自己宣言マニア（?）なので、彼女のこの宣言も最近のお気に入りですし、30年以上唱えているものもあります。

呼吸のコツを身につける
――人生は呼吸のドラマである

小心者の自分を無理に変えずに、活かすこと。これは本書で繰り返しているメッセージです。

ただ落ち込みが激しいときや、何も行動する気にならないようなネガティブな自分が強いときは、栄養剤・カンフル剤を投与して、すっきりとしたいものです。そこで無害で、効果の高い方法を教えましょう。

1円もかからず、しかも「今すぐにその場で」実行できます。

それが呼吸法です。

私たちの一生は、「オギャア」と産声をあげて（息を吐く）、息を引き取る（息を吸う）という呼吸のドラマでもあります。

やる気向上や心の安定のために、身につけたい基本は、長く息を吐くことを日常の習慣とすることです。

◎ブレスオブファイアーという呼吸法

また、やる気が出なくて気弱になりすぎているなら、強い呼吸を意識しましょう。これは、フイゴ式呼吸法と呼ばれるものです。別名、炎の呼吸法（ブレスオブファイアー）。

４００戦無敗というキャッチフレーズで、一時期、格闘技界に黒船のように襲来したヒクソン・グレイシーが試合前に行っていました。

彼はヨガの達人でもあり、内臓を意のまま動かす「ナウリ」という技ができていました。これはタレントの片岡鶴太郎氏がヨガを修行して行ってもいたものです。

さて、炎の呼吸法は鼻から息を短時間に力強く吐く。これは、気弱がピークになったときに、瞬間回復を求めてあえて行うものです。いつもするものではありません。効果はありますが負担も大きいので、実践するときは10回までにしましょう。無理しないことが大切です。

鼻からフッフッと音を立てて短く、1回1秒ほどの長さで繰り返します。

はじめは5回くらいで様子をみましょう。

ただ、人間は不思議なもので、無意識に呼吸を変えようとします。

ため息は、吐く息を長くして呼吸を変えようという自然の呼吸法です。

ですので、ため息をつくときには、あえてオーバーに声を出して、いつものため息よりも「長く・強く」を心がけます。あるいは、自分から「ため息呼吸」として行ってもよいでしょう。

吐く息を長くすることで、心の状態が変わります。

無意識にしているのは、ため息以外にもあります。タバコ、お酒、温泉につかる、お笑いを見るなど全部、息を長く吐く呼吸法です。

タバコの煙をフーッと吐く、お酒や温泉に入り「あーいい気分」というときにも。

あるいは、「ワハハハハ」と声を出して笑うのも呼吸法です。

◎腹式呼吸のやり方

はじめはあおむけに寝たほうが、お腹が動くためわかりやすいので、寝ながら行います。

基本は息を吸うときには鼻、吐くときは口でもかまいません。

両手をお腹に軽く乗せます。このときにお腹が上下するなら腹式呼吸ができています。しかし多くの場合、手は動かないでしょう。

腹式になっていない浅い呼吸ですと、手は動きません。

イメージとしては自分が風船になったつもりで、息を吸うときには空気が入りますから「お腹を膨らませ」ます。手は緩めて。次に息を吐くときには両手の平を軽く押すように重みをかけます。このときにはお腹をへこませます。

吐くときはお腹をへこませる。
吸うときはお腹を膨らませる。

基本的に呼吸は息を吐くことから始めます。

慣れたなら、手の補助をなくし、座っていても立っていてもできるようになります。

私の場合、今は通常、腹式呼吸になっています。

呼吸の長さは、吸う息は自然に、吐く息を長く意識します。

このときに肩に力が入りやすいので、注意します。

５秒吸ったら７秒吐くくらいのつもりで、吐く息を長くすることを日常心がけましょう。

一瞬で冷静さを取り戻す技術

――回復力、復元力を高めれば、いつも冷静に行動できる

生きているからには、感情の変化は誰にもあるものでしょう。

しかし中にはパニックにならずに、冷静に行動できる人もいます。

習得できるかできないかは別にして、身につければ誰でも実行できて、成果の上がるのがスキルです。それでは、冷静になれる技術というのはあるのでしょうか、しかも一瞬で。

◎第1ステップ　どんな時にパニックになりそうか書き出す

パニックを事前に想定しておくことです。

たとえば、

・仕事先に急用・急病で行けない
・会議で嫌な質問をされた
・理由も言わずに社長に呼び出された

など自分がパニックになりそうな場合を書き出してみます。

小心者はパニックになりそうなケースをあれこれ考え出すのは得意なのです。

仕事以外ではＳＮＳなどで、いわれのない批判にさらされたときなど新しいケースも出てきました。今では想定しているので、むしろ「来た、来た」と面白く歓迎するくらいです。

想定している通りになれば、パニックになりにくくなります。むしろ一瞬で冷静を通り越して、歓迎できるようになります。「待ってました！」という具合に。

◎第２ステップ　とるべき行動を書き出してみる

第２ステップは「とるべき行動を書き出しておく」ことです。

見える化、視覚化するとアイディアがわかりやすく鮮明になってきます。想定をしておいて、それをイザというときに行うのです。

想定していても、対応策はその場ですぐには考えつかないこともあります。その間は冷静ではいられなくなります。

ですから、あなたのビジネスの中でも、パニックになりやすいケースをいくつも想定しておいて、対応策をあらかじめ考えておくのです。

場合によってはリハーサルまでします。

そこまですれば、そもそもパニックになどならず、常に平静を保っていられます。

さらに、自分が守るべき仲間や部下、家族などを持っていたなら、その状況で責任感が出ます。それも自分が冷静になるための原動力となるのです。

私の例を2つご紹介しましょう。100人以上の研修でのエピソードです。

突発的なことでしたが、研修の最中に震度4くらいの地震が起こりました。

さすがに講義をしているのをやめました。

一瞬どうしようかと思いましたが、揺れていた時間はそう長くはありません。私ひとりだったら、ちょっとパニックになったかもしれません。

ところが、１００人を超す受講者がいますので、彼らの安全も考えました。

「震度はどのくらいですかね？　揺れがおさまりましたから、一度休憩しましょう」

自分でも驚くほど、落ち着いた対応ができました。

ポイントは、受講者の安全に対しての責任感です。

これは多くの講師や、教師、人命を守る職業の人なら強く持っているものです。自分ひとりではなくて責任を持って守る人がいれば、一瞬で冷静に戻れます。ここで自分がうろたえていたらどうする、となるわけです。


もうひとつの例は、研修中にニュースが入り、北海道の空港でハイジャックがあったというのです。ホテルの大広間でしたが、会場の担当者が入ってきての報告でした。といいますのは、ある企業の東日本地区のメンバーが集合していて北海道からも何人かが参加していたのです。

帰りの飛行機の時間などもあるので、名簿には何時までに会場を出て何時の飛行機というところまでメモが書いてあります。

個人情報にうるさい今ではないかもしれませんが、20年ほど前でしたから、名簿には年齢、社歴も書かれていました。

そのときは会場に企業の担当者はおらず、終了時にやってくることになっていましたので、私が指揮せざるを得なくなりました。

もしも受講者でしたら、「えっ、ハイジャック！　それは大変だ！」とパニックが長く続いたかもしれません。

しかし、やはり自分が冷静にならないと、受講者もますます不安になります。まずは北海道から来ていた受講者のみ、会社に連絡をとってもらい、情報をとらせて、区切りのいいところまで研修を続行して休憩で時間を調整しました。

一日研修の午後も半分以上終わっていたので、担当者もそろそろ来る時間でした。SNSもなく、携帯もまだ普及したてでしたので、連絡がつきにくい時代でした。

結局無事に終了しましたが、やはりこの時にも「責任感」がパニックを一瞬にして冷静に戻してくれました。

「自分なんて」をほめ言葉にする

――あなた自身は１ミリも変えなくていい

小心者思考は自分を変えようとしないで、今の自分のままでその特性を活かせばいい、というのが私の考えです。

自慢するのは嫌だ、できないという人に、「自慢できる自分になれ」とか「自分を変えろ」などとはいいません。そのままでいいのです。

ただ、その自分の特性に対しての、とらえ方・感じ方を変えるだけです。

たとえば、ブルドッグの顔を「怖い」から「愛嬌がある」と変えるだけ。変えるのは、あなた自身ではなく対象でもなく、そのとらえ方です。

これはコツさえうまくつかめば一瞬でできます。

あなた自身はそのままで１ミリも変えなくてよいのです。

そして、もしもできるならそこから今までと反対方向に針を向けて、「自分なんて」を「ほめ言葉」にしてしまいましょう。

臆病な人は小さいことに気づきますし、繊細な心の持ち主ともいえます。ならば、それをほめるにはどう表現したらよいでしょうか？

「自分なんて臆病で……」と卑下するのではありません。

いいところにスポットを当てて自分をまずほめましょう。あなたが自分を真っ先にほめてあげなくて、いったい誰がほめてくれるのでしょう。

自分なんて臆病でダメですよ、ではなくて、

「自分は細かいところに気がつきます」
「私は行動する前に色々可能性を考えてから行動します」
「私はよく考えますから、想定外のことにオロオロすることがありません」

と、卑下するのではなく、ほめ言葉に変えてしまうのです。自分なんて臆病で小心

者だからダメですと、自己卑下して嘆くよりも１００倍もいいことです。

あなたが今日練習すべきことは、自分自身をほめて、他人に紹介してみることです。

もちろん、実際に誰かを探して紹介しなくてもかまいません。

あなたがあなた自身を、ほめながら紹介してみましょう。


これは、一般の人を紹介する場合にも心がけたいことです。

山本さんはとても研究熱心な人です。

齊藤さんは発想力が豊かで……。

岩田さんはとても頑張り屋さんでして……。

など一言でいいですから、良い点にスポットを当てて紹介します。

するとその人について好印象を持つでしょう。

自己卑下の自分がマイナスなら、自分にはこんなにも素晴らしいところがあるとほめて、マイナスをプラスに変えてしまいましょう。

小心者と楽観主義を両立させる

——ポジティブな小心者こそが最強の小心者思考

楽観主義は物事の良い面に目を向けて、一言で言えば「大丈夫、なんとかなる」と信じて、あとは天、宇宙、神など呼び方は様々ですが、任せてしまうことです。

もしくは、あまり考えないで「大丈夫、うまくいく」と思い、問題から離れてしまいます。

大いなる力に任せ、開き直ってしまうのです。

これは、小心者の苦手とするところかもしれません。

ただし、今の自分はそのままで、楽観主義の良さを併せて持てたなら、そのとき小心者は最強になれます。特性はそのままにしておいて、共存させてしまいましょう。

内心どのように考えても、とにかく行動してしまえば、あなたはそのままでも、周囲の出来事、状況が変わっていくことに気づくはずです。

小心者のあなたは、想像力をネガティブに特化して考える傾向があります。

台風思考で述べたように、「台風が来たらどうしよう」「床上浸水したら大変だ」「窓ガラスが割れたらけがをするのではないか」と最悪の事態ばかり考えてしまいます。

それは残念な小心者の典型です。

第2章のはじめに述べたように「小心者であることを肯定的にとらえられるか」が成果を出す小心者になるための鍵になります。

つまり、**「小心者と楽観主義とを両立する」ということが小心者思考を行う上で大事**なのです。

台風は来ないだろうという考えは、リスクを単に無視しているだけで、少なくともビジネスをする人にとってはリアルではないでしょう。

そうではなく、「台風が来て大事になる可能性がある（小心者）、でもこれだけ準備しておけば大丈夫だろう（楽観主義）」と考えることができるかどうかなのです。

では、小心者のあなたが、楽観主義と共存するためには何をしたらよいでしょう。

◎言葉を変える

簡単なのは、「大丈夫、なんとかなる」これをにっこり笑いながら、唱えることです。

潜在意識が、とか、引き寄せが、などと考えなくていいのです。

あなたに欠けているのは、あれこれ考えずに行動することです。

そのための第一歩が「大丈夫、なんとかなる」です。にっこり笑って毎日、暇があれば口に出しましょう。

内心で何を思っても関係ありません。あなたが楽観主義を小心者と共存させるには、深く考えずにまず行動することなのです。

大丈夫！　あなたはなんとかなりますよ。

◎行動を変える

小心者の人なら、普段しないことをあえてしてみましょう。

あなたがするべきことは、理屈ではなく行動です。

たとえば、知らない街に行き、降りたことのない駅で降りるのです。

これは生まれて初めての場所に行ってみるという意味です。怖がり屋で臆病ですから、初めての場所などは何の事前情報もなしには、行くことはないでしょう。そこで大切なのは「考え方は無理に変えない。ただし行動は変えてみる」と意識すること。やがて無意識に、行動できるようになるまで気楽にいきましょう。大丈夫、なんとかなると軽く思えばいいのです。読んだことのない本を読み、テレビ番組を見て、映画を観る。すると楽しい世界が開け、楽観主義の発想を拓くこともあります。

キーワードは好奇心。面白そうなら行動すればそれでいいのです。

量子力学の本を読んだことがありますか？

恋愛小説は？

お笑い番組は見ますか？

映画館に行きますか？

理屈ではありませんし、分析でもないのです。ただ面白いから、興味があるから行動するのです。これは、小心者がしないことです。

そしてそういう行動はすでに楽観主義を実現しています。好奇心で動く、好きなことをする。楽しければいいのですから。

◎思考を変える

そしてもうひとつ大事なのは、**「迷ったらイエスと言う」**という考え方です。

小心者はリスクや周りの目に過度に反応します。そのため、新しいことに挑戦したり、他の人がやっていないことをやらなかったり、自分の決断に対していつまでも自信が持てなかったりするでしょう。

それではいつまで経っても優れた成果や偉業は成し遂げられません。

そこでオススメなのが、自分の気持ちに迷いが出たら「イエスと言う」と決めておくのです。

これは小心者思考の達人でもあるスティーブ・ジョブズや岡本太郎も行っていた思考法です。

スティーブ・ジョブズは「私はいつも革新的な変化に魅了されてきた。理由はわからない。より困難だからかもしれない」と述べたといわれています。

岡本太郎も「私は人生の岐路に立ったとき、いつも困難なほうの道を選んできた」と述べたとされています。

ラクな道と困難な道があったとき、人は、どうしてもラクなほうを選んでしまいます。ダイエットやその他の意思決定においても、多くの人がそうでしょう。これに近いことは行動経済学でいうプロスペクト理論によっても証明されています。

簡単にいえば「人は利益を得ることよりも、損を回避する意思決定を重視する」というものです。

なので、誰しもがどれだけ得られる結果があっても、リスクがあったり、苦労や努力が必要になることは避けようと考えてしまうのです。

だからこそ、「決断に迷いがあるときは、とりあえずイエスと答える」と決めておくのです。

こうした思考をしておくことで、普段しない行動でも臆することなくチャレンジを行えます。

あなた自身が迷うということは、少しでもやってみたい、興味がある、やってもいいかなという気持ちがあるからでしょう。

その自分の気持ちを大切にしましょう。

人間とは不思議なもので、一度選んで決断してしまえば、その中で頑張ろうとするものです。

小心者であるあなたは、その特性が一層強いはずです。迷いや不安を最初から考えに入れない思考法なので、ぜひ試してみてください。

第5章

小心者のための人間関係の技術

成果を出せる小心者は他人を攻撃しない

――小心者のためのガス抜き法

小心者が成果を出せないうちは、ただの臆病な人間です。

心配ばかりして、何の行動もできない気弱な人間です。

それがまだ自分に向いているうちはいいのですが、中にはその鬱屈《うっくつ》が外に向く場合があります。

つまり、他人にあったり、責めたりし始めます。もともと臆病ですから、本来は他人を攻撃するタイプではありません。

しかしいつまでも、小心者が特性を活かせずに成果や結果が出せなかったとします。するとそこでは、いわゆる**ボイラー現象**が起こります。

ボイラーの中にガスが充満していきます。ときどきでもガス抜きがなされれば問題はありません。

しかし、ガスがずっと充満し続けていくと、いずれは破裂してしまいます。

もちろんこれはあくまでたとえにすぎませんが、成果の出ないことに対してのストレス、不満も同じことでしょう。

小心者だからこそ、ちょっとした評価、認められること、仕事で出す成果には敏感です。それは、小心者で気配りしすぎてしまう日常のストレス発散になるのです。

ですが、それがないとボイラー現象となってしまい、自分より弱い立場の人を責めるようになります。

臆病で結果の出せない上司がちょっとしたことで部下を責める。

その部下が小心者で今度は新人を責める。

もしも小心者でもある程度の成果が出せていれば、周囲に評価されて、ガス抜きはされます。ところが、それもないと自分よりも弱い人を責めるような「負のサイクル」が続いていきます。

小心者のあなたに残された道は、とにかく早く仕事で結果を出すことです。

そして、**「結果を出すまでは他者を責めない」**と決めましょう。

弱者を責めて、あなたのうっ憤を晴らすというのは、不健全な在り方なのだと自覚し、本書で説いていることを実践して、負のサイクルを生み出さないようにしてください。

そのためには、

「小心者を活かし、早く成果を出すこと」

です。

それまでは、適度に趣味の時間をとり、友人・知人と息抜きの会話をしてストレスを発散する時間をあえて作りましょう。

小心者の真面目さは、良い点でもあるのですが、ストレスをため込むことがあります。それはいけません。

ためてもいいのはお金と知恵だけですから。

コミュニケーション力は「意識」で変わる

――「無意識に話す」から「意識的に話す」に変える方法

あなたは、自分のコミュニケーション力に満足しているでしょうか。

本書を手に取っているということは、満足していないかと思います。もしかすると、不満だらけかもしれない。

まずは自分が小心者であることを、あなたは意識する必要があります。

コミュニケーション上の問題は本人が気づいた時点で、改善することが容易になります。多くの人は意識しないからこそ、問題を抱えているのです。

◎自分の言葉、話し方のクセを意識する

私が、研修講師として体験したこと、現にしつつあることを例に挙げてみましょう。

スピーチやプレゼンを指導していると、この言葉を使う人がいます。

「えー、あのー」

という、いわゆる「言葉のヒゲ」です。必ず頭に「あのー」「えー」などといった言葉をつけてしまう人です。これが自覚のないコミュニケーションの一例です。

話をするとき、人は無意識に話しています。

もちろん、意識的に話しているつもりなのですが、言葉を話しているときは、

「『あ』という発話をしよう」

「この話が終わったら『そして』と言おう」

などと考えながら話すのではなく、感情や思考、イメージを思い浮かべながら、自然と溢れてくるものを言葉にしているにすぎません。

ですから、あなたが意識していない言葉やそのクセが必ずあります。

その代表が「言葉のヒゲ」ともいわれる「えー」「あのー」なのです。

私がスピーチドクターとして、コミュニケーションの改善を指導すると、無自覚に口にしているので、本人には変えようという意識がありません。

そこで、今はスピーチの動画を自分で撮影してもらい、見直しさせることをやっています。すると、「こんなに言っていたのか」と自分で気づき、スピーチに対する技術的なノウハウを教えるよりも劇的に良くなります。

話すときにも、「えー」「あのー」と言いそうになることが意識化されるので、気をつけて話すようになるのです。

もちろん、言葉のヒゲだけでなく、無意識に話すクセも同じように意識できると改善します。

ある牧師さんが「不満を口にしない」ということを提唱していて、その方も同じことを説かれていました。

まずは自分が無意識に不満を言っていることを自覚するのが第一歩だと。すると、やがて「口にしようとするとき」に自分で気がついて、減らすことができるようになります。

言葉のヒゲ以前の、言葉のクセにまず気づくことです。

「もしかしたら自分でも気がついていないクセがあるかもしれない」と考え、無意識のクセを知ることが大事です。

それがわかれば、残念な小心者から、一流の小心者へ変わることができます。

たとえば、小心者にありがちなのは「言い訳」です。

言い訳のもとは、「責められる自分を守りたい」という一心。

ただ、それが無意識に口から出ているかいないかの違いしかありません。

言い訳するクセのある人の多くは「自分が言い訳ばかりしている」という意識はほとんどなく、悪気も何もない場合が多いです。

当然、周りからは「また言い訳か」などと思われているかもしれません。

これも、意識することができれば変えられるのです。

◎すぐに相手の言い分を否定するクセをなくす

また、無意識に使う人が多い言葉に**「無意識の否定」**というものがあります。

私の例ですが、研修受講者にこういう方がいました。

どうやら受講態度からすると小心者の部類だったのですが、講師である私がスピーチにコメントしても、やんわりと否定されてしまいます。何を伝えても、

「というか〜」

「っていうか〜」

と話し始めて答えるのです。どうやら本人は無意識に言っている口グセのようなものでした。

「というか」というのは相手の言い分を否定するときの接続の言葉です。極端に言えば、「私はそう思いません」という意味になります。

本人としては口グセであり、つなぎの言葉のように使っているのかもしれませんが、ある年代以上の人は「これはつなぎの意味のない言葉なんだ」とは受けとめてくれません。

人によってはイライラしたり、怒ったりする人もいるでしょう。

こういった無意識の言葉のクセも直す必要があります。

小心者の人も気づかないうちに、やっている人も多いのです。

言葉はほとんどが無意識の領域を使っています。だからこそ、自分の話し方や使う言葉を意識することが大切です。具体的には、

・フィードバックしてもらう
・正直なコメントをもらう
・自分で無意識のクセを見つける

などを行いましょう。

自分の話し方、伝え方、言い方がどうだったのか、相手から正直に話してもらうのです。意識化できたら、次からは気をつけて話すようになります。

これは無意識を意識化する訓練なのです。

意識できてしまえば、誰でも変えることは容易になるのです。あなたの話し方やコミュニケーションも驚くほど改善できるのです。

無用な争いを避けるためには先に頭を下げる
――人間関係のトラブルで勝っても、１円の得にもならない

相手とのトラブルを避けたいというのは、小心者に限らず、誰もが思うことでしょう。

中にはトラブルを面白がり絡んでくる人もいます。

本当に人生で争わなければいけないときなど、ほんの数回しかないでしょう。

ほとんどのトラブルは、特段たいしたことはないのです。

もちろん、譲れない部分があるのはわかります。それはそうかもしれませんが、そこをあえて譲ってみるのです。

特にパートナーや職場の上司や同僚、友人関係とのトラブルにおいては、無用な争いを避けるために自分から頭を下げることです。

人間関係のほとんどのトラブルは、どちらが正しいかの争いです。そんな不毛なものがあるでしょうか。自分が正しい、いやこっちが正しい、とやりあった先に何が残

るでしょうか。

私も、今考えるともっと先に頭を下げればよかったなと思うことは何回もあります。もちろん今思えばそうなのですが。

以前、裁判沙汰に巻き込まれたこともあります。

詳細は省きますが、ある古い友人から訴えられたのです。このトラブルによって私はもちろんすごく嫌な思いをしました。

正常な判断力のなかった相手は、私に絡んできました。相手は実は死病で、私はそのことをまったく知りませんでした。最後、彼の病床に見舞いましたが、正常に話せたのは数分で、その数日後、彼は亡くなりました。

彼が自分は死病であることをはじめに言ってくれていたら、そこまで嫌な苦い思い出にはならなかったでしょう。

同時に、「誤解があったみたいだな、悪かった」と私が先に頭を下げておけば、そのときは不本意でも、相手が死病になったことであせり、錯乱していたことをあとで知っても、嫌な思い出にはならなかったでしょう。

結果的に相手が亡くなったことで、トラブル自体もなくなりましたが、どちらが正しい、正しくないと争うこと自体不毛なことだと考えるようになりました。

◎「自分は正しい」と心で唱えながら、先に頭を下げる

小心者思考は、無用な争いを避けるための知恵でもあります。

最近も、やたらに好戦的で、一言一句に難癖をつけてくる人とＳＮＳでやりとりしていました。ブロックしてしまえばよいのですが、すぐにはできない事情がありました。

ここは自分の投稿欄で、議論の場ではないことを伝え、気分を害したのなら申し訳なかったと、こちらから頭を先に下げました。常識ある人間なら、さらにそこから争いを続けることはありません。

案の定、彼からも謝罪の言葉があり、なんとか丸く収まりました。

これも、以前の私でしたら、先に頭を下げることは、小心者なのにできませんでし

た。しかし、それを徹底していますと、あきらかに先に謝罪してしまったほうがそのあとの人間関係は良くなります。

もともと、小心者は争うのは嫌いですし、争いごとになりそうな危機察知能力に優れているのは、すでに述べてきた通りです。

それを最大限に使い「トラブルになりそう」だと思ったらすぐに謝ることはしてきたと思います。

私が勧めるのは、自分は悪くないというとき、そう判断したときには「自分は正しい」とハッキリ心の中で唱えて、謝るのです。

もちろん、なんでもかんでも争いが嫌だというだけで頭を下げる必要はありません。そんなことをしていれば、人間は卑屈になります。やたらにペコペコするのはやめましょう。

「自分が正しい。それでもここはあえて、無用の争いを避けるための知恵で、謝っているのだ」と心の中で背筋をピンと張り、名誉ある頭下げをするのです。

トラブルを終わらせる技術として使うのです。

それでもケンカを売ってくるなら、相手は正常ではありません。その場を速やかに去りましょう。

◎指摘する必要のないミスは指摘しない

デール・カーネギーの『人を動かす』（創元社）は、人間関係のバイブルとされ、そこに書かれていることは、時代を超えた珠玉の教えでしょう。

無用の争いを避けるために、先に頭を下げるのに似たことは、カーネギーも説いています。

たとえば「相手のミスを指摘しない」こともそうでしょう。

その場で指摘してみても、悪くなる可能性は高くなることはあっても、人間関係は良くなりません。もちろん、そのミスがビジネスにおいて致命的で、優先度の高いケースであれば別です。

しかし、大半はその場であえて指摘するようなことではありません。

ある編集者が企画を立てたと言い「ツチヒカリ」を連呼するので、何かと思ったら、人名で「土光敏夫《どこうとしお》」氏のことでした。

亡くなられてから時間が経過していましたが、元経団連会長の名前です。少なくとも編集者なら常識の範疇《はんちゅう》でしょう。

しかし、私はそうは言いませんでした。というより、そのミスそのものを指摘しませんでした。

理由はそこで指摘しても、その担当者との人間関係は良くならないし、下手すれば悪くなるからです。まさにカーネギーの教えの通りです。

議論をしない
——議論の９割はムダなものである

それからもうひとつが、議論をしないということです。補足すれば、これは人間関係がメインであり、仕事上でするディベートや、議論をしながら何かを決めるような目的がある場合は別です。

ただ、人を批判して言い負かすような、不毛な議論好きにはなるなということです。議論に負けたほうは必ず遺恨を持ち、言い負かした人を嫌うものです。

それは、人間関係を良くするには避けるべきでしょう。先の私のＳＮＳの例でも、無用な議論を避けました。それだけでなく、自分から謝るのです。

カーネギーはほかにも自分のあやまりは認めよとも言っていますが、私が小心者のあなたにオススメしているのはそうではありません。

たとえ自分に非がなくても、自分の内心で、私は正しいと宣言した上であえて謝ろうということです。

不毛な議論は避けるのです。殴られそうになったら、殴り返さずにかわしてしまうのと同じです。

私の話で恐縮です。

あがり症に悩んでいた10代後半の私は、体を強くして、肉体的に強者になればあがり症を克服できると考えました。

その中で、当時知られ始めていた、いわゆるフルコンタクト空手の極真会館の創始者である大山倍達の道場に通いました。

当時は館長と呼ばれていた大山氏は、道場の上の階に住居があり、外出の際には道場をのぞき、道場生に訓話《くんわ》をされるのが常でした。夏などは派手なアロハシャツを着たまま道場に入ってきます。道場生の「押忍（オス）」の連呼のあと、正座した私たちに向かい「君たちー」という独特の言い方で訓話をされました。

記憶しているのは、道場と学校（職場）と家の3点を行き来する生活をすれば、必ず強くなるという話。あるいは、頭を下げるという話でした。

もしも道場の外で、肩が触れたとか何かでケンカを売られたら、頭を下げて謝ってしまえという話でした。頭を下げている人間にケンカをしかけてくる奴はいないよ。ということでした。

それでもなおしつこくくるなら、そのときはのばしてしまえ、と言われました。

10代の私は感心した記憶があります。

道場生の多くは、私のように弱くて、場合によってはいじめられて、それをなんとかしようと道場に通い始めたわけです。

それが、ケンカを理不尽にしかけられたら、まずは頭を下げろというのです。

道場では当時は防具などありませんし、その状態で殴り合い蹴り合うので、相当に痛いものです。ですので、黒帯との組手では恐怖さえ感じました。技がくる前に蹴られそうとか、突きがくるぞと思っただけで怖い。

ただ、あがり症には荒療治ではありましたが、プラスでした。

どんなにあがっても、これほど痛くはないだろう、怖くはないだろうという、一種の開き直りができるようになったのでした。

決して肉体的な強者になったというのではありませんでしたが、あがり症が少し軽くなったのは良かったことです。

小心者も同じです。
プライドを持って争いを避ける。
目的は人間関係を良好にするため。
そのために、頭を先に下げるのです。

争いを避ける臆病さが成功を呼び込む

――小心者思考の織田信長が優秀だった本当の理由

自分がかなわない相手に対して、「大きい相手にこそ立ち向かえ」などと教えられてきたかもしれません。

強い敵にこそ向かっていくというのは、一見勇敢で、カッコよく感じるでしょう。

ビジネスにおいても、交渉が難しい相手や条件、上司や苦手な相手などとは、戦ってでも勝とうとしてしまいます。

負けたくない、という気持ちは大事ですが、臆病で小心者の私たちはどうすればいいでしょうか。

くり返しますが、「争わない」と決めることが、成功に結びつきます。

「逃げるが勝ち」という言葉がありますが、まさにその通りで、戦わない、争わないという考え方は小心者が生き延びるため、勝ち残るための重要な考え方です。

イメージは違うと思いますが、その傾向は織田信長にも見受けられます。

信長が臆病というのはあまりいわれませんが、それは実際そうなのです。

信長がその強さに怖れを抱いていたのは、甲斐の武田信玄でした。病に倒れなければ、天下統一に一番近かった武将といっても過言ではありません。

信長は、信玄に対しては卑屈になるくらいに、献上していわゆる貢物外交のような接し方をしていました。というのも、最強の武田軍団が本気で尾張の田舎武将を潰そうと動いたら、戦いに絶対はないとしても、まず信長には勝ち目はなかったでしょうから。

信玄が強さでライバル視していたのは、上杉景虎（謙信）のみであり、当時の信長などはたとえていえば全国レベルの相手でなく、地区予選のレベルで、相手にもしていなかったとされています。

ただ信長自身は臆病で小心者です。それと同時に賢いので、

「どうしたら信玄に攻められないだろうか、怒りを買わないだろうか」

と考えつくして、争いにならないようにしていたのです。

ですから、先述した無用の争いを避けるために頭を下げるのとは異なります。その場合は相手が間違っていようと、自分の正しさは信じた上での行動です。

この信長は、別に信玄が間違っているわけでもなく、信長が正しさを信じてのことでもなく、ただただ自己保身のための頭下げなのです。

ただ、結果としては頭を下げているので、形としては、小心者思考をする人間だということです。

◎「寄らば大樹の陰」方式

また、もうひとつ、「寄らば大樹の陰」方式もあります。

強大な相手なら、むしろ「弟子」とか「学ぶ」という形で、その相手の名声を使う方法です。

「こんなすごい人と知り合いなんだ」というのが、力を発揮することは私たちも本能的にわかっていることです。学会や、研究会、派閥に所属したがるのも同じような心理です。臆病で小心者思考をするからこそ、そのような庇護者《ひごしゃ》を探すわけです。

その意味では、少なくとも若き日の孫正義氏にはその傾向がありました。

学生時代の孫氏は、「日本のユダヤ人」との異名もあった日本マクドナルドの藤田田氏に接触していきました。孫氏の日本だけでなく世界に目を向けるようなビジネスのベースは、藤田氏の影響が決して少なくないのです。

京セラの稲盛和夫氏に私淑《ししゅく》するのもいいでしょう。坂本竜馬もビジネスの大樹の陰ではないですが、経営者に人気の竜馬のファンと公言するのは、「そうか坂本竜馬に心酔しているのか」と、共感と評価を受けやすくなります。

それはそのまま小心者思考の人には、自分を守ってくれるような大きな力になると私は分析しています。

ずっと昔に、『坂本竜馬になりたかった男』(総合法令出版)という本を書いたくらいに孫正義氏に憧れもあった私は、そう思うのです。孫正義氏も小心者の面があると。賢くて、周囲の反応を予測して、危機察知能力がある。良い面を活かせばそうなります。

織田信長も孫正義氏も、

「強い志を持ち、まっしぐらに志に向けて怖いもの知らずではなかったのではないか」

「猪突猛進タイプでは、成功できなかった」

と考えられます。

しかし、信長が小心者思考をできたのなら、なぜ明智光秀の心理が読めなかったのか？

相手がどう反応するかがしっかり読めるはずなのにと思うでしょう。

それは、やはり傲慢になり周囲の言うことを素直に聞けなくなった、恐怖の対象の信玄がいなくなった、というのも大きな理由でしょう。あえて強調はしませんが、天下人となるような豊臣秀吉にしても、気配りができた武将は多かれ少なかれ小心者思考のプロだったのです。

本書のテーマは歴史や戦国武将ではありません。

ただ小心者の傾向があった織田信長、その「上司」に対して気配りのできた豊臣秀吉。草履を懐で温めて気配りを示したというのも、史実かどうかは別として似たところがあり、非常に気が利いた秀吉の性格を示しているでしょう。

あるいはその秀吉に取り立てられた石田三成にしても、気配りイコール小心者思考、というエピソードを残していますね。

つまり鷹狩をしていた秀吉に対して、いきなり熱い茶を出したら飲めないので、ぬるめを出して、量も調整して最後に熱い茶を出すというエピソードです。

その気配りに気づいた秀吉がそもそもプロなのですが、気配りは小心者思考をしている人には、すぐに実行できるものなのです。

おわりに
——小心者は優れた才能である

ここまで述べてきたように、小心者であることは何も悪いことではありません。弱さを知っている人が、強くなれるのです。

孫正義氏も、本田圭佑選手も、織田信長も、皆自分の実力や弱さを知り、だからこそ、成果を出すための準備と戦略を考え抜き、自分に負けないように戦ってきたのです。

小心者思考は弱者の剣そのものです。自分の弱さを知っているからこその戦略があります。弱いものが真っ向勝負しては潰されてしまいます。

気が弱い、臆病だ、あがり症だ、メンタルが弱い。

それを自分自身で思い込んで、潰れていってしまう人が多くいます。昔の私がそうだったかもしれません。

私は自分の弱さ、あがり症の自分が嫌で嫌でしょうがありませんでした。それを理由に何もしないでいたら、今の私がなかったのは間違いないでしょう。

私は自分の弱さを認めたからこそ「じゃあ、どうする?」と問い直すことをしてきました。ヨガや武道、自己暗示、心理学などを学んだ末に、自分の弱さを武器にする方法を見いだしたのです。

小心者であることは、弱みでもなんでもありません。

小心者は、人生を生き抜く恵まれた宝を持っているのです。残念な小心者のままでいることは、その宝を腐らせているのと同じです。

せっかく持っているあなたの資質であり、宝なのですから、それをうまく戦略的に使わない手はありません。

小心者思考は、仕事のみならず人生の成果を生み出す、最高の武器なのですから。

著者紹介

松本 幸夫　1958年東京都出身。研修講師、スピーチドクターとして30年間にのべ20万人を指導。作家、ヒューマンラーニング代表、イースピリッツ講師。

幼少よりあがり症に悩み、武道、ヨガ、自己暗示、心理学などの方法を試す。また、優れた経営者と数多く出会い、その多くが実は小心者であったことに気づき、思考法や行動の力学を研究し、その経験から本書を執筆。

著書は『仕事が10倍速くなるすごい！法』（三笠書房）、『アガリ症を7日間で克服する本』（同文舘出版）など220冊にのぼる。

ここ一番《いちばん》のメンタル力《りょく》
小心者《しょうしんもの》思考《しこう》　その強《つよ》さの秘密《ひみつ》

2018年 3 月25日　第 1 刷

著者　松《まつ》本《もと》幸《ゆき》夫《お》
発行者　小澤源太郎

責任編集　株式会社 プライム涌光
電話　編集部　03(3203)2850

発行所　株式会社 青春出版社
東京都新宿区若松町12番 1 号　〒162-0056
振替番号　00190-7-98602
電話　営業部　03(3207)1916

印刷　共同印刷　　製本　大口製本

万一、落丁、乱丁がありました節は、お取りかえします。

ISBN978-4-413-23082-7 C0030